プロが教える！
定番テクニカル指標の
読み方・儲け方

FX
チャート
分析
実践講座

岡安盛男
Okayasu Morio

自由国民社

はじめに

　戦国時代でも現在でも、戦う前に必ずしておかなければならないことがあります。それは戦いの武器を選びその使い方を学び、習得することです。

　FX取引の武器は大きく分けて、ファンダメンタルズ分析とチャート分析（テクニカル分析）の2つがあります。ファンダメンタルズ分析は各国の経済や金融政策の動向を知ることで、相場の長期的な大きな流れをつかむ上で重要な武器になります。

　もう一方のチャート分析は、暗闇の中で道を進む上で足元を照らす提灯のようなものです。二股の分かれ道をどちらに進めばよいのか、ここからは下り坂なのか登り坂なのか、道の途中に落とし穴があるのかないのかといった、今すぐ必要な売買判断を下す時にサインを出してくれます。

　日々売買を繰り返すFX取引では、ファンダメンタルズ分析よりもチャート分析の方が武器として効力を発揮します。

　最近のチャート分析手法は、コンピューターの発達により数えきれないほどあります。しかし、多ければいいというものではなく、実際に市場で広く使われる代表的なものは限られます。相場はたくさんの人が使う指標で動くことが多く、それだけにオーソドックスな手法を確実に学ぶ必要があります。

　チャート分析は3つ程度を完全に習得しておくことで、実は十分互角に戦えます。重要なのは多くの指標を使い回すことではなく、いかに自分に合ったものを見つけ、それらを何度も使って身に着けるかにあります。

　そこで本書では、実際にFXで多くの人に使われるメジャーなテクニカル指標に絞って、基本的な読み方から勝つための実践手法まで実例解説しました。数としてはこれで十分です。

　本書が、皆さまの資産形成のお役に立てることを願ってやみません。

2021年10月

岡安　盛男

Contents

第3章 トレンド系指標の読み方と使い方

第6章 **知っておきたい
その他の大切なこと**

ローソク足の基本と
チャートパターン分析

各チャート分析手法の短所・長所を十分に理解した上で使う

チャート分析を
上手に使いこなそう

チャート分析（テクニカル分析）とは？

　為替相場の予想には、**ファンダメンタルズ分析**と**チャート分析（テクニカル分析)**の2つの大きな武器があります。しかし日々のトレードでは、ほぼ100%近い人がチャート分析を使って取引しているのが現状です。

　各国の金融政策や経済指標、国内外の政治や大きな事件・イベントといった**ファンダメンタルズ**は、為替の大きな流れを捉える時には重要ですが、デイトレードのような短期取引の時にはチャート分析に頼らざるを得ません。暗い夜道を歩く時の提灯が、チャート分析だと思ってください。

主にトレンド系とオシレーター系がある

　チャート分析は、トレンド系とオシレーター系の2つに分かれます。

　トレンド系というのは、その名の通り**トレンドや方向性を見る**分析手法で、オシレーター系は**売られ過ぎか買われ過ぎかを分析する**手法です。

　昔は手作業で計算していたため、どちらかと言えばトレンド系が主流でしたが、コンピュータの発達により、今ではオシレーター系が頻繁に使われるようになりました。

　それも数百ものチャート分析手法がありますが、実際にFXでよく使われているものはそれほど多くはありません。あまり多くの指標に手を出しても、器用貧乏になるだけで意味がありません。

　そこで本書では、マニアックなものは省いて、FXで実際に多くの人に使われているメジャーな、かつ、初めての人でも扱いやすいチャート分析に絞って、勝つための実践手法を解説しています。

● 表1.1　主なチャート分析（テクニカル分析）の指標　　　　　　※青字は本書で解説

分　　類	種　　類
トレンド系	ローソク足、移動平均線、グランビルの法則、ボリンジャーバンド、一目均衡表、エンベロープ、パラボリック、P&F、平均足など
オシレーター系	RSI、RCI、乖離率、ストキャスティクス、MACD、DMI、ピボット、ウイリアムズ%R、サイコロジカルラインなど
その他	パターン分析、エリオット波動論、フィボナッチ・リトレースメント、フィボナッチ・エクスパンション、フィボナッチ・ファン、ペンタゴンチャートなど

　たくさんの人が使っている分析手法を使う方が良いのです。みんながその分析結果を見て、次の動きを決めるためです。

　「ケインズ経済学」で著名な英国の経済学者のジョン・メイナード・ケインズは、「玄人筋の行う投資は、美人投票で自分が美しいと思う人に投票するのではなく、他の投票者が誰を美しいと思うかで選ぶという思考が投資家にとって必要である」という意味のことを述べました。

　相場予想も同様で、自分が良いと思ったものではなく皆が選んだ分析方法を使うことが、勝つための必要条件であるということです。

チャート分析に「絶対こうなる」はない

　チャート分析というのは、過去のマーケットデータを分析してこれからの相場動向を予想し、どこで売りを出すか買いを出すかのテクニカルポイントを見つけ出すことが基本です。

　相場は人が集まって動かすもので、そのパターンを探るわけですが、その時々の相場のセンチメントや流動性の違いなど、チャートだけでは見えない材料が実際には大きく影響しています。必ずこういう時はこう動くといった法則などはありませんが、確率として見ればその方向に動くことが多いということです。

　したがって、もし予想とは違う方向に進んだ時には、迷わず一旦ポジションをクローズして改めて分析し直すことが重要です。

ローソク足チャートの
基本と読み方

　チャートにはいくつか種類がありますが、中でもローソク足チャートは形を見ただけでその日、その時の動きが一目でわかる優れモノです。

ローソク足チャートがチャート分析の基本

　ローソク足は４本値と呼ばれる４つの値段から成り立っていて、**始値**は開始時の値段、**終値**は終了時の値段、**高値**はその期間の最高値、**安値**はその期間の最安値を表しています。

　基本的な見方としては、始値より終値が高ければ陽線（明るい色）、始値より終値が低ければ**陰線**（暗い色）になります。

　このローソク足を左から右に並べて、相場の動きが一目でわかるようにしたものが**ローソク足チャート**です。１本のローソク足で一日の動きを表したものを**日足**、１週間なら**週足**、１時間なら**１時間足**、５分なら**５分足**と、その期間毎の名前で呼ばれます。

●図1.1　ローソク足と各部の名前

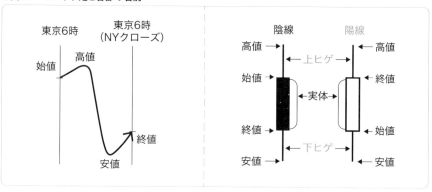

●図1.2　ローソク足の基本形と意味

小陽線	小陰線	大陽線	大陰線	上影陽線	上影陰線	下影陽線	下影陰線	寄引同事線
強含みでの保ち合い	弱含みでの保ち合い	非常に強い	非常に弱い	少し強い	弱い	強い	少し弱い	相場が転換する兆し

■ローソク足の種類と基本的な読み方

　ローソク足を見れば、直近の相場の勢いやおよその相場の転換タイミングなどを知ることができます。読み方のポイントは実体の長さとヒゲの長さです。陽線も陰線も実体が長いほど、相場の勢いが強いことを意味します。例えば、実体が長い陽線（陰線）は**大陽線（大陰線）**と呼ばれ、上昇（下落）の勢いが強いと見ます。

　また、上ヒゲが長く実体が短い陽線（**上影陽線**）が相場の上昇が続いた頃に現れると、大きく買われて上昇したものの売られて押し戻された形で、上値が重くそろそろ下落する可能性が高いことを示します。

　反対に下ヒゲが長く、実体が短い陰線（**上影陰線**）が相場の下降が続いた頃に現れると、大きく売られて下落したものの買われて押し戻された形で、下値が堅くそろそろ上昇する可能性が高いことを示します（図1.3）。

　上ヒゲが大きく伸びた上影陽線や上影陰線は**トンカチ**と呼ばれ、高値圏で出れば天井の兆しとされています。下ヒゲが大きく伸びた下影陽線や下影陰線は**カラカサ**と呼ばれ、安値圏で出れば反転の兆し、高値圏で出れば反落の兆しとされています（図1.4）。

●図1.3　日足チャートに現れたローソク足

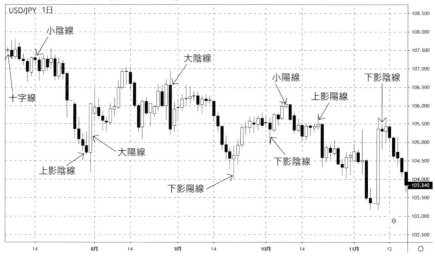

始値と終値が同値となったカラカサとトンカチは、それぞれ**トンボ、ト**
ウバと呼ばれ、寄引同時線の一種です。高値圏でも安値圏でも出現します
が、相場の転換する兆しとされています（表1.2）。

ローソク足の組み合わせで見る

ローソク足は２本以上の組み合わせで見ることもあります。**はらみ線**、
つつみ線といった２本で見るもののほか、**三川**、**三兵**、**三空**といった３本
で見るものもあります（図1.4、表1.2）。いずれも相場の転換する兆しを
示すものです。

図1.5で見ると、①は陰線が４日続く**三空叩き込み**です。②は足長同時
線が現れ、最後の日に③でも長い下ヒゲの足長同時線に近い陰線が出て反
発（底値）しています。

④は少し変形ですが、底値のほぼ同レベルで下げ止まる**毛抜き底**（底値）
です。⑦も同様に**毛抜き底**です。

⑤は長い上ヒゲを伸ばしたトンカチが出現しています（天井）。

⑥の２か所と⑧は、前日の陽線の高値と同じ高値で陰線となった**毛抜き**

天井です（天井）。

⑨は長い下ヒゲが下落後に出現しています（底値）。

●図1.4　相場の転換する兆しを示す型とローソク足の組合せ①

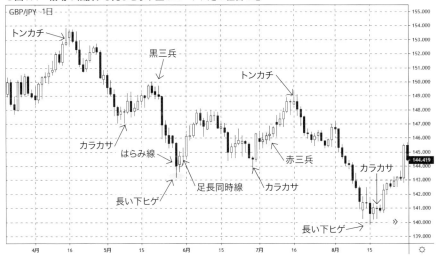

●図1.5　相場の転換する兆しを示す型とローソク足の組合せ②

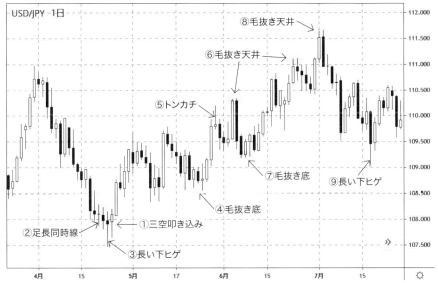

●表1.2　相場の転換する兆しを示す型と主なローソク足の組合せ

呼び名	足型	特徴とサイン
トンカチ		始値から上昇したものの始値付近まで戻され、上ヒゲが大きく伸びた形。高値圏で出れば天井の兆し。
カラカサ		始値から下降したものの始値付近まで戻され、下ヒゲが大きく伸びた形。安値圏で出れば底の兆し、高値圏で出れば反落の兆し。
①トンボ②トウバ	①　②	始値と終値が同値の寄引同時線の一種。相場の転換の兆し。①が安値圏で出れば反転の兆し、②が高値圏で出れば反落の兆し。
十字線足長同時線		始値と終値が同値の寄引同時線の一種。売り買いの勢力が拮抗。相場の転換の兆し。上ヒゲと下ヒゲが長いものは足長同時線。
出会い線		前日の陰線（陽線）と当日の陽線（陰線）の終値がほぼ同値。変化の可能性高まるが、反転するにはまだ力不足。
切り込み線		当日の陽線が前日の陰線の終値より安く始まり、陰線の中心以上で引けた形。長期下降トレンド後に出れば上昇に転じる兆し。
かぶせ線		当日の陰線が前日の陽線の終値よりも高く始まり、陽線の中心以下で引けた形。長期上昇トレンド後に出れば天井の兆し。
つつみ線		前日の陽線（陰線）を完全に包み込む大陰線（大陽線）が出た形。高値圏で大陰線のつつみ線が出れば、天井の兆し。安値圏で大陽線のつつみ線が出れば、大底の兆し。
はらみ線		前日の大陽線（大陰線）の値幅に収まって小陰線（小陽線）が出た形。相場に変化の兆し。
振り分け線		当日の始値と前日の始値が同値。陰線→陽線なら上昇、陽線→陰線なら下降の兆し。

たすき線		前日の陰線の終値より高く始まり、前日の始値以上で引けた。前日の陽線の終値より安く始まり、前日の始値以下で引けた。陰線→陽線なら上昇、陽線→陰線なら下降の兆し。
毛抜き天井		前日の陽線の高値と当日の高値が同値。高値圏で出ると天井の兆し。
毛抜き底		前日の陰線の安値と当日の安値が同値。安値圏で出ると底の兆し。
窓と窓埋め		ギャップとも呼ばれる。土日を挟んだ週明け以外は滅多に出ないが、近い形はみられる。窓が出ても、埋められることが多い。
三川宵の明星		大陽線の後に上放れで星が出た後に、陰線が出た形。長期上昇トレンド後に出ると天井の兆し。
三川明けの明星		大陰線の後に下放れで星が出た後に、陽線が出た形。長期下降トレンド後に出ると大底の兆し。
赤三兵		陽線が3本連続して高値を更新して出た形。底打ち後の安値圏で出ると、上昇トレンドの初期段階で続伸する可能性あり。
黒三兵		陰線が3本連続して安値を更新して出た形。上昇トレンド後の高値圏で出ると、下降が本格化してきた可能性あり。
三空叩き込み		陰線が空（窓）を空けながら、4本連続（三空）した後に陽線が出る形。下降トレンド後の安値圏で出ると、上昇に転換する兆し。
三空踏み上げ		陽線が空（窓）を空けながら、4本連続（三空）した後に陰線が出る形。上昇トレンド後の高値圏で出ると、天井を打ち下降に転換する兆し。

天井を見極める
チャートパターン

　チャートには決まったパターンがあり、その形を覚えておくと天井や底を見極めることができるようになります。

　トレンドが続いた後には**もみ合い**が始まるケースが多く、その後再びトレンドが継続するか、トレンドの反転が始まります。その時のもみ合いの形にはいくつかのパターンがあり、重要なヒントを与えてくれます。

ヘッド＆ショルダー

　上昇トレンドが続いた後に、下図のような３つの山（高値）を付けた形です。これは**ヘッド＆ショルダー**（別名・釈迦三尊）と呼ばれ、かなりの確率で天井を付けたサインとなります。

●図1.6　ヘッド＆ショルダー

真ん中の山が高くなくても左右が同じレベルでなくとも、３つのピークで形が似ていればサインになる。

■ヘッド＆ショルダーを付けた例（ユーロ円８時間足）

　このパターンが完成される条件は、谷底の２つを結んだ線（**ネックライン**）を下回った時です。このネックラインを下回った時が下降トレンドが始まるサインで、売りのタイミングになります（図1.7）。

　ただ、**実践の相場では真ん中が高い山で左右が同じレベルにならなかったとしても、似ている形ならば同様に天井を付けたサイン**になります。

●図1.7　ヘッド＆ショルダーの例（ユーロ円8時間足/2020年6月24日〜9月28日）

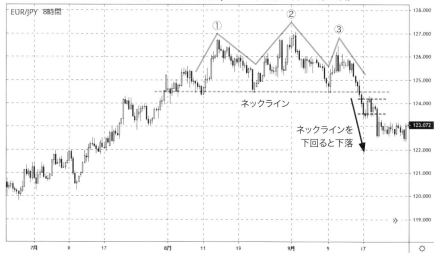

トリプルトップ

　ヘッド＆ショルダーの変形で、3つの山を付ける形です。3つの山のピークは、**ほぼ同じ高さ**になります。

●図1.8　トリプルトップ

■トリプルトップを付けた例（ユーロ円30分足）

　次ページの図1.9では、上昇後①、②、③の山（天井）を付けてからネックラインを下回ったところで、トリプルトップ形成となり下落しています。

　上昇トレンドの後に①で天井を付けた後にAまで押し戻され、②で再度

第1章　ローソク足の基本とチャートパターン分析

●図1.9　トリプルトップの例（ユーロ円30分足/2020年12月12日～12月16日）

天井を付けた後にＡとほぼ同レベルのＢで底を付けて３度目の天井③を付けています。この場合②と③のレベルはほぼ同じで、これは**ヘッド＆ショルダー**とも**トリプルトップ**とも呼べそうです。

　③の天井を付けた後にＡとＢを結んだ線、ネックラインを下回ったところで急速に下落しています。この下げはトリプルトップを形成する前の安値レベルで下げ止まり反発しましたが、ネックラインには届かずに再び下落に転じています。

　この後に前回の安値を下回ると、さらに下落幅を加速させるというパターンが見られます。

ダブルトップ

　もう１つの天井を現すパターンとして、**ダブルトップ**があります（図1.10）。上昇トレンドが継続した後にほぼ同レベルで２つの山（高値）を付けた時の形を呼びます。

　ダブルトップも短期・中期・長期それぞれのチャート期間で、頻繁に現れます。

●図1.10　ダブルトップ

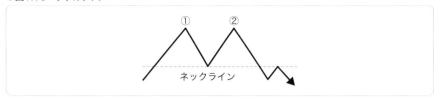

ネックライン

●図1.11　ダブルトップの例（ユーロ円30分足／2020年11月24日〜27日）

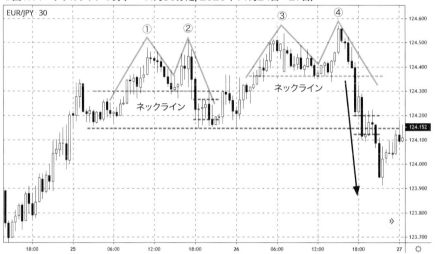

■ダブルトップを付けた例（ユーロ円30分足）

　図1.11のチャートの中には２つのダブルトップが見えます。

　１つ目は①と②を頂点としたダブルトップで、ネックラインを下回り下落しましたが、前回の安値のレベルで下げ止まり反発。そしてその後に再度③と④を頂点とした２つ目のダブルトップを形成。このトップレベルと前回のトップレベルはほとんど同レベルのもので、かなり上値が重いことを示すものです。

　その後ネックラインを下回り下落し、さらに前回のダブルトップ後の安値を下回ったことで下落を加速させました。

　この次に上昇が始まったとしても、この２つのダブルトップを付けたレ

ベルを超えるのはかなり難しいとみることができます。このレベルに近づいた時には売りを出してみるのも良いでしょう。

ソーサートップ

トレンドの転換にはよく見られるパターンの１つで、お皿の形をしたものが天井や大底で現れるのが**ソーサー型**と呼ばれるものです。

大抵この形が現れると、その後はネックラインレベルまで戻した後にもみ合いに入ることが多く、そのもみ合いから放れる時が相場の転換点になることが多く見られます。しかし稀にこれまでの流れに沿った動きに戻ることもありますので、必ずというわけではありません。

上昇が続いた後に、丸いお皿の底を天井に向けたような形が現れることがあります。これは**ソーサートップ**と呼ばれ、天井を付けたサイン（上昇の終了）を示すものです。

●図1.12　ソーサートップ

■ソーサートップを付けた例（カナダ円2時間足）

図1.13はカナダ円に現れたソーサートップですが、この時も急速に下落に転じるのではなく緩やかなカーブを伴いながら少しずつ下げるなど、まだ上昇が続くとの見方が燻りながら、売り買いが交錯している状態です。

そしてNのネックライン付近で少し下げ止まったところで、下落幅を拡大させています。

この時の特徴としては、上昇が続いた後に長くもみ合いが続いて上昇がここで終わりかと思ったところで、もみ合いの上限を上抜けて再度の買戻

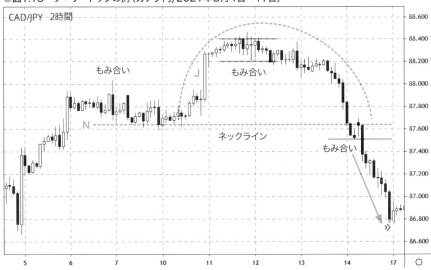

●図1.13　ソーサートップの例（カナダ円／2021年8月4日〜17日）

しが入ったと考えられます。結果的にショートが切らされたことで買いの勢いが衰えて売り手優勢となり、下落に転じたと想像できます。

　このように売り買いの差が均衡した時に、ソーサーの形が現れます。

他のテクニカル指標と併せて見る

　ダブルトップもトリプルトップも、他のテクニカル指標を併用して見ることで、さらに高値や底値をより正確に判断することができます。特にローソク足との相性は非常に良く、ヒゲを長く伸ばした時などはかなりの確率で天井を付けることがあります。

　1時間足だと長いヒゲが見られない時などには、2時間足や4時間足といった少し長い期間に変えてみると、足が伸びていることがわかります。

　また、過去のダブルトップやトリプルトップ、そして前回の高値や安値などと照らし合わせて見ていくと良いでしょう。

　なぜならば、世界中のチャート分析を行っている多くのトレーダーも同様に見ているからです。

底を見極める
チャートパターン

前項の天井のサインとなるトップ類に対し、底値のサインとなるのがボトム類です。

ダブルボトム

下落トレンドが続いたところで下げ止まり、反発したものの再度下落に転じたところ、前回の安値レベルで再度反発した形です。

ただ、実践の相場では常に同じレベルできちんと下げ止まるとは限らず、少しオーバー気味に下げることやその少し手前で上昇に転じることの方が多く見られます。

●図1.14　ダブルボトム

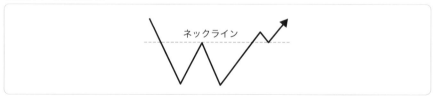

■ダブルボトムを付けた例 (ドル円2時間足)

図1.15では、もみ合いレンジの下限を下回ったことで、Aまで下落しています。その後BとB′で小さなピークを付けた後Cまで下げましたが、Aと同レベルで下げ止まり反発。

ネックラインのB′レベルをD点で上抜いたことで**ダブルボトム**を形成し、上昇に転じました。

ポジションの持つタイミングの考え方はダブルトップと同じです。

ネックラインを形成したことで今度はB′のようにレジスタンスとなるため、上抜けできなかった場合は売りのタイミングになります。

　その後Aのレベル付近に近付き下抜けできなかった時（下回らずに下げ止まった時）が、買戻しのタイミングです。

　ここで今度は上昇に転じた時が、新規の買いのタイミングになります。そして、戻りのBのレベル付近で上抜けできないことを確認した時は売って手仕舞いし、上抜けした時にはそのまま買いポジションを持ち続けるか、さらに買いを増やすタイミングになります。

●図1.15　ダブルボトムの例（ドル円2時間足／2021年5月1日〜13日）

逆ヘッド＆ショルダー（トリプルボトム）

　逆ヘッド＆ショルダーもトリプルボトムも、ヘッド＆ショルダーやトリプルトップと同様に、**ネックラインをブレーク**することでその形が成立します（次ページの図1.16）。

●図1.16　逆ヘッド&ショルダー

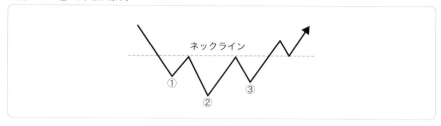

●図1.17　逆ヘッド&ショルダーの例 (ユーロ円日足/2020年8月27日〜2021年1月8日)

■ 逆ヘッド&ショルダーを付けた例 (ユーロ円日足)

　図1.17はユーロ円の日足チャートですが、下降トレンドが続いた後に**A′**
とEを両肩に**C**を頭にした**逆ヘッド&ショルダー**ができあがりました。

　このチャートで面白いのは、逆ヘッド&ショルダーを形成する直前に**B**
とB′のダブルトップを付けていることです。このダブルトップを付けたこ
とで、下降トレンドが継続するかのように見えたものの**C**を底に反発し**D**
をトップに再び下落したことで、この時は**トリプルトップ**を付けたとみる
ことができます。

　結果的にネックラインでもある高値**D**を上抜けたことで上昇トレンドに

転じましたが、その間は下降トレンド継続か反発に転じるかを決めることはできませんでした。

このように、ダブルトップやトリプルトップ、ダブルボトムや逆ヘッド＆ショルダー（トリプルボトム）といった形は、トレンドの転換には双方が現れることがあり、判断に困ることがあります。このような時は間違いと判断した時点で、すぐにポジションを閉じて次の展開を見極めることが大切です。

そのためには、他の複数のテクニカル指標と併せて見るようにします。

■ ソーサーボトム

下落が続いた後に、丸いお皿を置いたような形が現れることがあります。これは**ソーサーボトム**と呼ばれ、底を付けたサインとなります。

●図1.18　ソーサーボトム

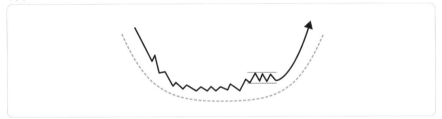

■ソーサーボトムを付けた例（ポンド円２時間足）

次ページの図1.19はポンド円２時間足チャートです。下降トレンドの途中のＮ（ネックライン）で一旦反発し、再び下落した後に大きな戻りはなく、**じり安からじり高**に転じています。

そしてネックライン付近でもみ合いが始まり、その後**もみ合いレンジ**の上限を上抜けて上昇に転じています。この動きがソーサーボトムの特徴でもあります。

通常であれば下降トレンドが続いた後はもっと早く買戻しが入るのですが、まだ下落の余韻が残る場合は売りと買いのバランスがそれほど大きく

崩れていない状態とも言えます。

　そして、時間の経過とともに底値を付けたとの見方がもみ合いの間に徐々に広がる中で、レンジの上限を上抜けした時にようやく**上昇トレンドの開始**となります。

●図1.19　ソーサーボトムの例（ポンド円日足／2021年8月13日～26日）

　反対に、このもみ合いレンジで下抜けし、その手前の安値を下回るようなら、**下落トレンドの再開**になります。

保ち合いの
チャートパターン

相場では上昇や下降が続いている途中で一時的にもみ合いが始まることがよくあり、**保ち合い**と呼びます。保ち合いにはパターンがあり、その形を知ることで次の動きを予想することができます。

保ち合いとは？

保ち合いに入る時というのは、売りと買いが均衡した状態で、トレンドの途中でエネルギーが切れたように小休止状態になった時です。一定範囲でレートが行ったり来たりする**保ち合い相場（レンジ相場）**と言って良いでしょう。

保ち合いが終わると再び大きなトレンドに戻るか、あるいは逆方向へのトレンドが始まるといった動きが多く見られます。その保ち合いの放れる時を狙うことがチャンスにつながります。「保ち合いは放れた方に付け」といった相場格言もあります。

保ち合いにもいろいろなパターンがある

保ち合いにはいくつかのパターンがあります。端が三角形（トライアングル）になるパターンを**三角保ち合い**と呼び、対称三角形型、ペナント型、ウエッジ型があります（36ページ）。三角形型以外にもフラッグ型やボックス型があり、それぞれ特徴があります。

それらの形を覚えておけば、保ち合い収束後に上昇するか下降するかを予測することができ、エントリーのタイミングを計るのに役立ちます。

ここでは、相場で実際によく現れる代表的な保ち合いのパターンを見ていきます。

対称三角形型

　この二等辺三角形は最もポピュラーな形で、頻繁に現れます。３つの山を結んだレジスタンスラインと３つの谷を結んだサポートラインが交差した線が**対称三角形型（対称型トライアングル）**です。

●図1.20　対称三角形型

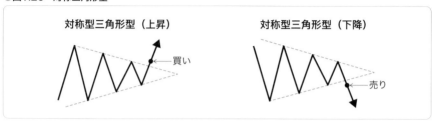

　上昇トレンド（下降トレンド）の途中でこの形が現れることが多く、それが収束してくると再び上昇トレンド（下降トレンド）に戻るというのが特徴です。対称になるのは**売り買いの勢力が拮抗している**ということで、これまでのポジション解消の動きと新規ポジションの攻防とも言えます。

●図1.21　1時間足に出た対称三角形型（ユーロドル/2020年11月2日〜9日）

■ **対称三角形型を付けた例（ユーロドル１時間足）**

　図1.21はユーロドルの１時間足チャートですが、上昇トレンドが続いた後に**三角保ち合い（対称三角形型）**に入りました。一旦天井を付けた形となったものの、その後は**天井が切り下がる下降トレンド（レジスタンス）と底値が切り上がる上昇トレンド（サポート）が徐々に収束し、最終的に上放れ**となりました。

　図を見ても途中ではレジスタンスラインもサポートラインも実勢レートは所々ではみ出していますが、それはあまり気にしなくとも大丈夫です。

保ち合いパターンのできる原理とは？

　そもそもどうして保ち合いが始まるのでしょうか？

　例えば上昇トレンドが続く途中で止まるのは、**買いが一巡した時**と考えられます。もし買い材料が否定されるようなら、保ち合いではなく下降に転じることになります。保ち合いとは買いと売りが拮抗していることで、その力関係が均衡した場合が対称三角形型です。

　上昇型では上値の一定レベルに「売り注文」が並んでいて、そのレジスタンスを上抜こうと何度か試しているうちに底値が切り上がってきます。これは買いのレベルを少しずつ上にずらしているということで、**買い手の強さ**を示すものです。

　結果的に売り手以上に買いの大きさが増してくると、上に抜けていきます。その時は売り手も「**売りポジションの買戻し**」を入れたりするので、上昇が一気に進むことが多く見られます。

　しかし、もし買い手の力が売り手より及ばないと、買い手が諦めて手仕舞い売りを出してしまうケースもあります。その場合でも上昇トレンドが継続していることから、その時の下押し幅はさほど大きくはありません。

■ **下降型も同様のしくみでできる**

　下降型は、売り手が徐々に買い手に対して間合いを詰めていくもので、最終的に買い手を打ち負かして下落していくというものです。

　反対に買い手が売り手以上に強い場合は、押し戻されて上昇に転じます。

上昇三角形型と下降三角形型

　上昇トレンドが続いた後に、三角形の上限が平行で下値が切り上がりながら収束する時は、買いが強いことを示し、上に放れることが多く見られます（**上昇三角形型**）。反対に下降トレンドが続いた後に、三角形の下限が並行で上値が切り下がりながら収束する時は、売りが強いことを示し、下に放れることが多く見られます（**下降三角形型**）。

●図1.22　上昇三角形型と下降三角形型

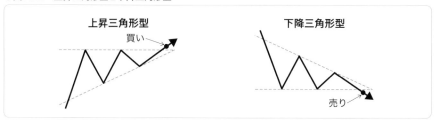

●図1.23　上昇三角形型の例（ドル円10分足/2021年3月25日〜26日）

図1.23はドル円の10分足チャートです。デイトレードで上昇が続いた後にこの上昇三角形型の保ち合いが続いた時には、三角形の上限を上抜いた時に買いを入れます。

このような時の上昇速度は速いことから、三角形の収束が終了する間際に買いを入れておくという方法をよく使います。もし、上に放れずに下限の安値を下抜けするようなら、すぐに損切りを入れるようにします。

保ち合いパターンといっても短期ではダマシが特に多いため、予想と違った時は迷わず損切りを入れることが肝要です。

ボックス型

保ち合い相場で多く見られるのが**レンジ相場**です。レンジ相場でよく見られるのが、いわゆる**ボックス型**です。

●図1.24　ボックス型

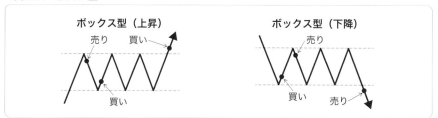

相場が方向感を失った時など、売り手と買い手がある一定の幅で力が均衡しこう着状態に入るのがレンジ相場です。このような状態は意外に長く続くもので、その間は利ザヤを稼ぐには絶好のチャンスです。

ボックスレンジ相場の入り方は、レジスタンスやサポートのレベルに近づいたところで逆張りで入るのが一般的です。

しかし、それだと万一どちらかに放れた場合に損失が大きくなる可能性もあります。そこで、**利益は小さくなりますができるだけリスクを低くして相場に入る方法**を取ります。

実勢レートがレジスタンスラインで跳ね返されたことを確認してから売りで入るようにします。サポートラインでも同様で、下落してきたところを買うのではなく、サポートライン付近で跳ね返されて上昇に向かうことを確認してから買いを入れるようにします（図1.24）。

　ボックス相場が長く続けば続くほど上下の壁は厚くなり、それだけブレークした時には勢いが強くなることがあります。逆張りで入ると、それだけブレークした時に大きな損失を被ることになりかねません。

■ボックス型を付けた例（ドル円日足）

　図1.25のドル円日足チャートでは、2つのボックス相場が見られます。

　①のケースは108円から107円という1円程度の狭いレンジで約2週間もみ合いが続いた後に、上に放れるというボックス相場です。

　下落が続いた後に一旦買戻しが入り、もみ合いに入りました。これは買戻しが完全に終わっていない状態でもみ合いに入り、時間調整後ドルショート側がじれて買戻しを入れてきたのか、あるいは新規のドル買いで攻めてきたというパターンです。

　この間のボックス相場は売りと買いの力関係が均衡した状況です。いつ

●図1.25　ボックス型の例（ドル円日足／2021年3月25日〜10月14日）

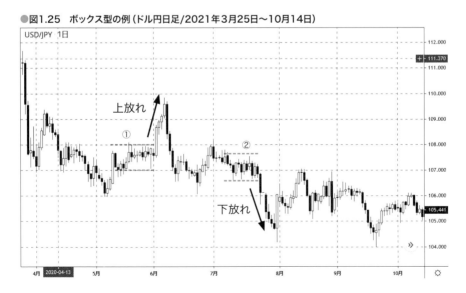

ボックスが始まったかは、2〜3日経ってから判断されます。**ボックス相場は、上限付近で売り下限付近で買うという短期取引を繰り返します。**

108円付近で天井を付けた後下落が始まったところで順張りで入り、107円付近で底打ち後に上昇に転じたところを買いで入るようにします。

そして最終的にどちらかに放れた方に付いていくようにします。

②は107.50円から106.50円の1円幅でレンジ相場が約3週間続き、その後もみ合いから下に放れるというボックス相場です。②では①とは反対に下に放れていますが、それはドルロング側がじれて損切りを入れたのか、あるい新規のドル売りを仕掛けたと判断されます。

この時の入り方も①と同様、2〜3日待って上下同じレベル付近で折り返したことを確認してからボックス相場が始まったと判断し、上限下限で細かい取引を繰り返して利益を積み増します。

跳ね返された時に利食いと同時に、それまでと反対のポジションを同時に建てることを**途転（ドテン）**、あるいは**ダブルアップ**と呼びます。方向感がまったくないボックス相場での独特のやり方です。

もし、ダブルアップが苦手なら一旦ポジションを解消し、改めて買いや売りのどちらかを判断するというスタイルが、一般的で安全な取引です。

●図1.26　ボックス型の例（ポンド円1時間足/2021年3月17日〜24日）

■ボックス型を付けた例（ポンド円日足）

前ページの図1.26はポンド円の1時間足チャートですが、円買いが進む中ポンド円が下落基調に入ったところです。

①の少し前のところでダブルトップの天井を付ける前の安値の手前で、ボックス相場が始まっています。これは相場がまだ上昇が続くのか下降トレンドが始まるのかを迷っているところです。ボックス相場が抜けた方向に付いていくようにします。①のもみ合いから前回の安値を下回ったところで下落し、次の②で再びボックス相場が始まりました。

ボックス相場は「売り買い」の勢いが拮抗する時に生じることが多く、それだけ**ダマシ**もよく見られます。もし、上に放れたと思って買ったとしても、その後ボックス内に戻るようならすぐにポジションを切るようにします。

保ち合いのパターンにはその他にも、次のようなものがあります。

●図1.27　その他の保ち合いのパターン

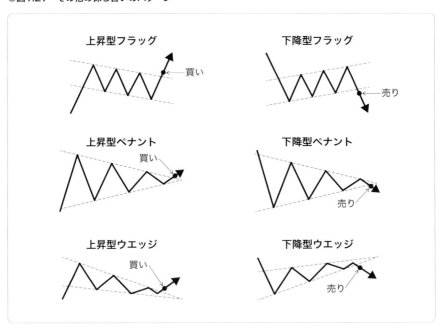

第2章

相場のトレンドと
売買ポイントの
見つけ方

3つのトレンドの特徴と
エントリーのしかた

　為替相場は一本調子ではなく、絶えず上下を繰り返すサイクル（波動）から成り立っています。

　トレンドを早めに見つけて乗り、そしてトレンドの転換する前に降りることができるようになると、大きな利益が得られます。それは短期、中期、長期のトレンドすべてに応用できます。

　トレンドは相場の流れであり、その形を見るだけで次の動きを予想することが容易になります。色々なチャート分析がありますが、「トレンド」の分析はその中でも最強と言って良いでしょう。

トレンドには3つの形がある

　トレンドは、**上昇トレンド**と**下降トレンド**、**保ち合い（レンジ）**の3つに分かれます。

　トレンドが始まる時というのは、通常何かのテーマが始まることが多いのですが、まったくテーマがないまま始まることもあります。それは多くの市場参加者がポジションを作り始める時や、ポジションの巻き戻し（売

●図2.1　3つのトレンドの形

その過程では損切りなどを巻き込みながら進むこともあります。そのような時はトレンドと思ったものの一時的な動きで終わり、結果的にダマシが生じる時でもあります。

トレンドは方向性を示すのものですが、どこで始まり、どの程度の期間続き、どの程度の値幅で動くのかを見極めることが大切です。

上昇トレンド

1回目に底値を付けて反発し、その後2度目の下げも前回の安値を割らずに再び上昇（切り上げ）、3度目も2度目の安値を割らずに上昇（切り上げ）した場合に、その安値を結んだ線が**上昇トレンドライン**となります。

その角度が大きいと上昇の勢いが強いことを示し、そのような時はトレンドが早く終わってしまう傾向があります。反対に、トレンドの角度が緩やかな場合には、長期間トレンドが続くことが多く見られます。

●図2.2　上昇トレンドと上昇トレンドライン

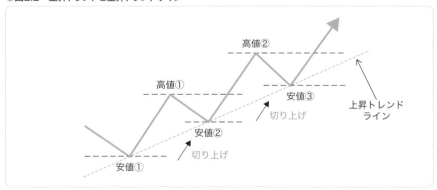

上昇トレンドは押し目買いを入れるチャンスで、前回の安値の手前で上昇した時が買いのタイミングです。基本は買いスタンスで入ることです。

線の引き方として、実勢レートのやや外側に引くのか内側に引くのかよく聞かれますが、**内側の場合は積極的な取引になり、外側の場合は慎重な**

取引になります。

　内側に引くことで早めにエントリーの決断をすることになります。外側に引くとどうしても初動が遅くなりますが、それだけダマシを回避することができます。自分なりのスタンスに合わせて引くと良いでしょう。

下降トレンド

　1回目に高値を付けて反落し、その後2度目の上昇も前回の高値を超えずに再び下落（切り下げ）、3度目も2度目の高値を超えずに下落（切り下げ）した場合に、その高値を結んだ線が**下降トレンドライン**となります。

　その角度が大きいと下降の勢いが強いことを示し、そのような時はトレンドが早く終わってしまう傾向があります。反対に、トレンドの角度が緩やかな場合には、長期間トレンドが続くことが多く見られます。

　下降トレンドは戻り売りのチャンスで、前回の高値の手前で下げ始めた時が売りを出すタイミングになります。基本は売りスタンスで入ります。

●図2.3　下降トレンドと下降トレンドライン

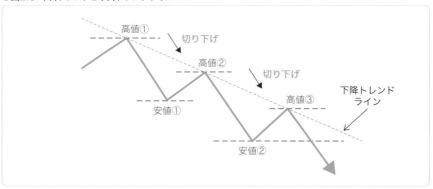

トレンドとチャネルの例（下降トレンド）

　トレンドは、波のように上下に振れながら同じ方向に進み続ける傾向があります。図2.4を見てもわかりますが、高値を結んだ線と安値を結んだ

線がほぼ並列に進んでいきます。これは**チャネル**と呼ばれるものです。

　下降トレンドが続く間はドル円の売りポジションをじっとキープするやり方がありますが、チャネルの場合はトレンドに沿ってデイトレで売買を繰り返し稼ぐようにした方が、より利益を膨らますことができます。

　取引の基本は、下降トレンドチャネルの時には上限のトレンドライン付近で売りから入り、下限付近で買い戻すようにします。

●図2.4　下降トレンドとチャネルの例（ドル円日足）

　下降トレンドでは売りから入りますが、チャネルの下限では一時的に逆張りでドル買いポジションにする場合もあります。ただし、短期取引となり神経に負担がかかりますので、あまり無理してまでやることはありません。

保ち合いトレンド

　これは保ち合いの中でも多く見られる、レンジ相場の**ボックス型**と同じと言っていいでしょう。1章の33ページをご覧ください。

第2章　相場のトレンドと売買ポイントの見つけ方

ダウ理論の基本を しっかり押さえる

ダウ理論はトレンドを見つける上で重要な手掛かりを示してくれるもので、それはエントリーとエグジットのタイミングを知るということです。

ここでは「ダウ理論」の基本的で大事な要素だけを使ってみます。

ダウ理論の「トレンドが継続する条件」

①**上昇トレンド**：実勢レートが直近の高値を上回り、直近の安値も割らずに上昇している（高値・安値ともに切り上げながら上昇している）

②**下降トレンド**：実勢レートが直近の安値を下回り、直近の高値も超えずに下降している（高値・安値ともに切り下げながら下降している）

③**トレンドの転換**：上昇トレンドが直近の安値の切り上げ（更新）がならず、切り下げに転じた時。下降トレンドが直近の高値の切り下げ（更新）がならず、切り上げに転じた時

●図2.5　ダウ理論の示す上昇トレンド

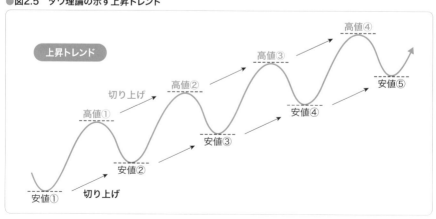

●図2.6　ダウ理論の示す下降トレンドとトレンド転換

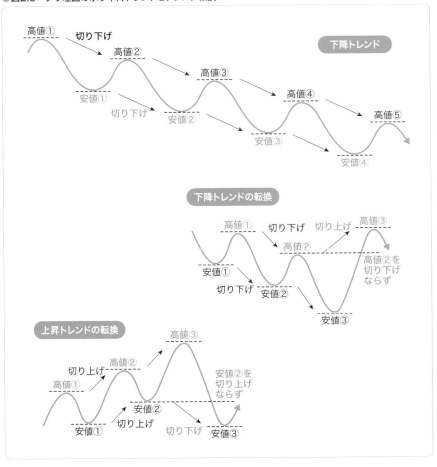

　トレンドとは、短期・中期・長期それぞれにトレンドが生じます。

　売りたい人と買いたい人がほぼ互角の取引が相場（価格）を形成しており、トレンドはその売り買いのバランスが崩れた時に生じるものです。

　そして、トレンドが進む途中で参加者が徐々に増え始め、さらにトレンドは長く継続することになります。そして、いずれは転換（終了）します。

　どんなトレードスタイルの人でも取引前、そして取引中もそれぞれのトレンドを必ずチェックするようにします。

ダウ理論のトレンド3段階とは？

ダウ理論では、**①先行期、②追随期、③利食い期の3段階**でトレンドが進むと言われています（図2.7）。

①先行期はトレンドが始まるかどうかを打診するような時期で、比較的緩やかな動きになります。

②追随期ではトレンドが始まるといった安心感が広がり、それまで様子を見ていた人たちが参加し始めるため取引高が拡大する時期で、トレンドは長期化することが多く見られます。

③利食い期は、最初にトレンドに乗った人たちがそろそろ終わりが近いとの見方から、一足先に利食いを出してくる時期です。

このように、相場は短期・中期・長期それぞれの期間で同じ動きをするというのがダウ理論です。相場は人が作るもので、人の心理というのはどの状況でも変わらないということです。

ダウ理論の事例（ユーロドル2時間足）

図2.7は、2020年11月下旬〜12月上旬にかけてのユーロドルの2時間足チャートです。上昇トレンドが発生していますが、ダウ理論の売買タイミングを見てみましょう。

①の上昇波はまだ上昇トレンドが始まったかどうかわかりませんが、とりあえず前回の高値Aを抜いたことを確認してから買いを入れます。

②の上昇波は①の上昇波の高値Bを上に抜けたところで、第2期が始まったという見方から多くの人が買いを入れ始めるポイントです。

そして③の第3期では、さらに多くの人が買いを入れてくる時です。Dの高値の後、一旦下げたように見えたものの下押し幅は狭く再び上昇。しかしDと同レベルEで再び上値が抑えられ、**ダブルトップ**を形成。これで一旦上昇トレンドは終了したとみて、①で買った人が売りを出してきました。

実際にこの後も上昇トレンドが継続している可能性はありますが、一旦

●図2.7　ダウ理論の3段階の例（ユーロドル2時間）

は売りを出すタイミングになります。

　相場というのは、多数が同じ方向に偏った時は終わりに近いことが経験則としてあります。そのような時は一旦下落が始まると、雪崩のように急落するというパターンがよく見られます。

トレンドの3段階をどう判断するか？

　1〜3段階で進むというのがダウ理論の基本ですが、実際には4段階や5段階になったり、逆に2段階で終わったりすることの方が多いとも言えます。

　例えば、次ページの図2.8では①、②、③と見るのか、「①と②」を1つの連続として①と見るのか、判断に迷います。もし①＋②が先行期となれば、③は追随期ということになり、その後も上昇トレンドが続くと予想できます。

　買いのタイミングは高値Aのラインですが、その後安値Bを下回るようなら損切りを入れます。しかし、その後Bの手前で押し戻され上昇に転じたことで、②の追随期が始まったとみてポジションを持ち続けます。

しかし、その後に高値Cを下回ったことでこのトレンドは終了とみなし、ポジションもその時点で閉じるようにします。

図2.8のような30分足チャートでは、数日間のスイングトレードスタイルで取引を行います。

●図2.8　トレンド継続・終了の判断は難しい（ポンドドル30分足）

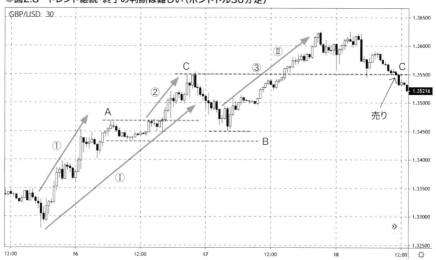

エントリー前は最低でも
長短2本のチャートを見る

エントリーは基本的に順張りで入る

　取引の基本は、流れに沿ったポジションを持つ**順張り**が基本です（156ページ）。**逆張り**は通常、順張りよりも大きな利益を得やすいですが、失敗するとそれ以上に損失が大きくなる場合もあります。トレンドに乗る時は基本的に順張りで入るようにします。

　長期トレンドが上昇に向かうと予想できる時でも、すぐに買いを入れるのではなく、少なくとも短期（または中期）トレンドの流れを見ながら入るタイミングを探ります。

日足チャートだけの判断だと…

　次ページの図2.9の日足チャートを見ると、ユーロ円の上昇トレンドが始まったことを示していますが、どこで買いを入れるかタイミングを探ってみます。

　①で122円を割り込んだ後の上昇は、②で押し目を付け上昇トレンドが始まっています。しかし、まだこの時点では**下降トレンドの調整の戻り**のようにも見えます。

　しかし、前回の高値125円の**レジスタンスライン**を上抜けたことで上昇トレンドが始まった可能性が高まりました。ですが急速に上昇したことで、買いを入れるのはかなり難しい状況でした。その後127円を天井に**もみ合い**が続いた後で下げましたが、反発を期待して①と②の延長線上の上昇ト

●図2.9　ユーロ円日足（2020年8月5日〜2021年2月18日）

レンドライン付近の126円付近で**逆張りの買い**を入れたとします。

　しかし、その後ユーロ円は下げ止まらず、買いのレベルから１円近く下落しました。その後上昇に転じたから助かったものの、下落が止まらなかった場合はかなり損失を被ることになりました。

２時間足チャートの動きを見ると…

　図2.10は、日足での買いの前後の動きを示した２時間足チャートですが、その後新たに上昇トレンドが始まったとみて、結局上昇中の126.20円で順張りの買いを入れました。

　このように、買ったレートのレベルは日足の場合とほぼ同じでしたが、**短い足で底を確認した後に順張りで買いを入れた方が安心して入れます。**また、リスクは逆張りよりも断然低くなります。

　トレンド相場に入る時は、こうして少なくとも長期と短期の２本のチャートを見比べながら順張りで入るようにすると、成功確率が増して大きな損失を回避できます。

●図2.10　ユーロ円2時間足（2021年1月12日〜27日）

図2.9の日足で
買ったタイミング

買い

底打ちを確認

トレードスタイル別
2本のチャートの組み合わせ

　トレンドは5分足、1時間足、日足など、どの期間においても生じるものです。それぞれの流れを見ながらエントリーのタイミングを見つけるようにすれば、損切りの可能性を低くすることができます。

デイトレード（1時間足と5分足）の場合

　一日の間に何度か売り買いを行うデイトレードにとっては、数十銭利ザヤが取れればその日の目標達成となります。一日の取引を始める時には、必ず長めのチャートを見てから短いチャートを見るようにします。例えば、5分足で取引に入ろうとする場合は1時間足チャートを見てみます。

　この1時間足チャートを見ると、ドル円はこの数日下降トレンドが継続していることがわかります。

●図2.11　ドル円1時間足（2021年4月9日16時〜19日10時）

●図2.12　ドル円5分足（2021年4月16日17時〜19日10時）

同時に５分足チャート（図2.12）を見ると、１時間足と同様に前日から下降トレンドが続いており、この日も下降トレンドは継続すると考えることができます。もしも５分足だけを見ると、むしろ「これまで下降トレンドが続いているのでそろそろ上昇に転じる頃だ」と考えてしまい、売りから入ることができなくなってしまいます。

■必ず長期のトレンドもチェックする

しかし、図2.11の１時間足を見ると、まだ下降トレンドは継続すると判断することができるので、売りから入ろうという気持ちが固まります。売りのタイミングとしては前日のNY市場で付けた安値を下回ったところで、売りを出すことにしました。

その後の相場が次のページの図2.13です。

結局ドル円を売った後の東京市場ではほとんど**もみ合い**が続いていましたが、欧州市場に入り再びドル円は下落し始めています。

このように５分足だけを見ていると長いトレンドが見えなくなり、思わず買いで入ったりしてしまうこともありますから注意してください。

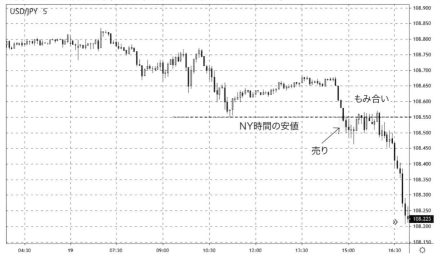

●図2.13　ドル円5分足（2021年4月17日4時〜19日16時55分）

NY時間の安値

もみ合い

売り

スイングトレード（日足と2時間足）の場合

長めのトレンドに乗って数日、あるいは数週間のポジションを持つスイングトレードスタイルでは、日足と30分足から2時間足くらいまでのチャ

●図2.14　ドル円日足（2020年8月10日〜2021年2月22日）

200日移動平均線

ートを見ながらエントリーのタイミングを探します。

　図2.14はドル円の日足チャートです。これまで下降トレンドが続いていたドル円が200日移動平均線を上抜いたので、上昇トレンドが始まったと判断しました。しかし、どこで買いを入れるか迷い２時間足チャートを見てみました（１時間足チャートでもOK）。

●図2.15　ドル円２時間足（2021年２月５日〜20日）

　図2.15は２時間足チャートですが、直近では下降トレンドが始まったように見えます。

　しかし、日足チャートが上昇トレンドが始まったことを示していることから、２時間足で買いのタイミングを探るようにします。２時間足での買いタイミングは、前回の安値を下回らないことを確認した時か、あるいは前回の高値を超えていく時です。しかし、もし日足の前回の安値を下回るようなら、上昇トレンドはまだ始まっていないと判断し損切りを入れます。

　今回のケースでは、前回の高値（２月17日・106.225円）を超えてからドル円は大きく上昇し、３月31日には111円手前まで上昇してピークを付けました（次ページの図2.16）。

●図2.16 ドル円日足（2020年10月21日〜4月28日）

USD/JPY 1日

200日移動平均線

大きく上昇

2月17日の高値
106.225円

スキャルピングの場合

　超短期売買の**スキャルピング**を行う場合でも、実勢レートと１分足、あるいは５分足を使うと、より正確に相場に入ることができるようになります。これは少し長めの期間を見ることで、今のレベルが買われ過ぎなのか売られ過ぎなのかを瞬時に判断していきます。

　もちろんそれだけではなく相場の勢いなども加味します。特に大事なのは少し長めのチャート（１分足、５分足）などを見ると、短期の流れを感じ取れます。このように、短期でも中長期取引でも相場に入るタイミングを見つける方法は基本的には同じです。

　デイトレードやスイングトレードに慣れてくると、スキャルも簡単に入ることができるようになります。

トレンドには
それぞれのテーマがある

マルチタイムフレーム分析は必須

　短期中期長期のどの期間で取引を行うにしても、それぞれ３つの期間で
トレンドをチェックする必要があります。

　例えば、次ページの図2.17はドル円週足のチャートですが、長期の下降
トレンドＴが継続する途中で①、②、③といったそれぞれの中期トレンド
が発生します。

　図2.18の日足チャートでも下降トレンドが発生していて、その途中の図
2.19の１時間足でも長期下降トレンドが発生しているのが見えます。

　図2.17のＴの下降トレンドのテーマは、**日米の金利差縮小**によるもので
す。中期トレンド③のテーマは、新型コロナ感染による世界的なリスクの
高まりにより、米国が超緩和政策を実施したことで株価が上昇。**リスクオ
ンのドル安**が大きな要因です。そして図2.19のＡの１時間足では、**米国の
ワクチン接種や追加経済対策への期待**がドル売りにつながっています。

　トレンドにはそれぞれにテーマがあるということも、頭に入れておきま
しょう。

　ダウ理論では「**価格がすべての事象を織り込む**」としています。為替レ
ートの現在のレベルというのは、ファンダメンタルズも含めてすべての結
果であるということです。

　それを私は「テーマ」と呼んでいます。週足や日足といった期間が変わ
ってもそれぞれにテーマというものがあり、そのテーマが終わった時がト
レンドの終わりになります。

第2章　相場のトレンドと売買ポイントの見つけ方

●図2.17　長期下降トレンド途上のドル円週足（2018年6月3日〜2020年12月20日）

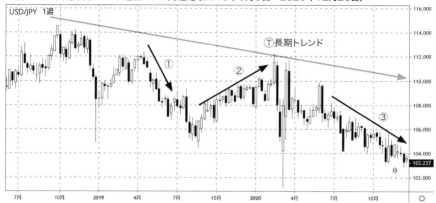

●図2.18　日足も下降トレンドが続く（2020年6月11日〜12月18日）

●図2.19　1時間足も下降中（2020年12月14日〜21日）

トレンド系指標の
読み方と使い方

移動平均線の基本と
上手な使い方

移動平均線（Moving Average：以下**MA**と表記）は、相場のトレンド
を見る上で最も基本的なツールであり、売買の判断に欠かせない存在です。

移動平均線はテクニカル分析の基本ツール

移動平均線には、**単純移動平均線（SMA）**と**指数平滑移動平均線（EMA）**
が多く使われています。単純移動平均線はある期間の終値を足して、その
日数で割った数値を毎日計算し、それを折れ線で結んだものになります。

どちらが良いということはなく、それぞれ通貨ペアの種類や期間で試し、
相性の良い方を使うのも良いでしょう。さほど大きな違いはないと思いま
すが、ここでは一般的なSMAを使っていきます。一般的に移動平均線は1
本だけではなく、複数の線を表示します。2本の時は短期と長期、3本の
時は短期、中期、長期といったように重ねて見ていきます。

移動平均線の計算期間は通常、**短期・中期・長期**に分かれ、下記が一般
的な計算期間になります。しかし、それはあくまで基本であって、その時
の相場の状況や通貨ペアなどにより異なります。その都度自分で試してみ
て、過去の実勢レートとの関係を見ながら選んでいくようにします。

●表3.1 移動平均線の一般的な計算日数

	短期線	中期線	長期線
日足	5日・9日・12日	20日・21日・25日・75日・90日	180日・200日
週足	9週	13週	26週・52週
月足	6カ月・12カ月	24カ月	60カ月・120カ月
60分足	5・15	50・75	50・75
5分足	1・5	10・20	80

グランビルの法則

　移動平均線と実勢レートのパターン分析を行ったのが、**グランビルの法則**です。基本的な考え方は、移動平均線と実勢レートが乖離すると再び移動平均線に戻るという習性があり、それを利用して売買の注文を出します。

●図3.1　グランビルの8法則

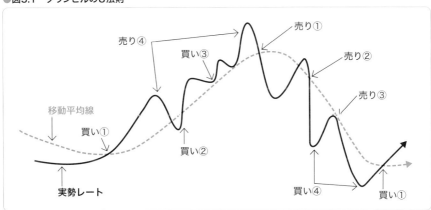

■買いの4法則

①下降から横ばいに転じつつあるMAを実勢レートが下から上に抜けた時は買い

②上昇中のMAを実勢レートが下に割り込んですぐ反発した時は買い

③上昇中のMAに実勢レートが下降して近づくものの、その手前で反発した時は買い

④下降中のMAから実勢レートが大きく下に乖離した時は買い

■売りの4法則

①上昇から横ばいに転じつつあるMAを実勢レートが上から下に抜けた時は売り

②下降中のMAを実勢レートが下から上に抜いたものの、すぐに反落して再度MAを割り込んだ時は売り

③下降中のMAに実勢レートが上昇して近づくものの、その手前で反落
　した時は売り

④上昇中のMAから実勢レートが大きく上に乖離した時は売り

■実践での注意点

　実際の使い方で大事なのは、売買を行う時には必ず確認してから入ること、予想通り相場が動いたところで早めに利食いを入れることです。グランビルの法則の基本は、**最終的に移動平均線に実勢レートが戻る**、ということだからです。戻るまでに長い時間がかかることもありますが、そのような時は移動平均線の方が実勢レートに近付くことが多いようです。

　また、単に位置関係やクロスの有無だけでなく、移動平均線と実勢レートの現在のトレンドや線の向きに特に注意してください。

■事例（ポンド円と1時間足チャート）

　下図は、ポンド円の1時間足に24MAを入れたものです。

　ポンド円は24MAが上昇途中に、実勢レートがAのレベルでMAがサポートとなって反発したので買いを入れます。その後BでMAから上放れしたもののすぐにMAに再び近付いてきましたが、MAには届かずにCで反発しました。

●図3.2　ポンド円1時間足と24MA（2021年3月10日〜16日）に現れたグランビルの法則

この時は**買い増し**のタイミングになります。そして今度は下抜けしました。このような時は買い増しと利食いのどちらにしようか迷うところですが、ここではローソク足とパターン分析で判断します。

　Dでは長い上ヒゲを2回伸ばして押し戻されています。変形の**ダブルトップ**を付けた可能性が高く、これは**天井**を示すサインです。そのネックラインのレベルとほぼ同レベルに位置するMAをEで下抜けたことで、下落サインとみて利食い売りを出します。

　その後は再びFまで戻しましたが、なかなか抜け切るのに時間がかかっています。このような時は買うのをやめておきます。上抜けしたとしても前回の高値で上値が抑えられる可能性が高いからです。もし、上抜けできずにMAあたりまで戻るような動きがあれば、その時は売りから入るようにします。

　GでMAを下抜けしていますが、すでにポンド円の上昇トレンドは終了し下降トレンドに入る可能性が高まる時です。この時はグランビルの法則に従うと、買いではなく売りを入れるタイミングになります。

　このようにグランビルの法則だけに頼るのではなく、できるだけほかのテクニカル指標も参考にしながら売買のタイミングを計ります。

ゴールデンクロスとデッドクロス

　短期と長期の移動平均線を組み合わせることで、トレンドの転換ポイントを見極めようとするものです（次ページの図3.3）。

　長期トレンドはあるテーマに沿って緩やかに続きますが、そのテーマが終わりに近づいても簡単には止まらず、どうしても実勢レートの動きに遅れて反応します。短期のMAは目先の変化にビビッドに反応します。

■ゴールデンクロスとデッドクロスの判断の基本

　①短期MAが長期MAを下から上に抜けると、上昇トレンドの始まりと考えられ、これを**ゴールデンクロス（GC）**と呼びます。

　②短期MAが長期MAを上から下に抜けると、下降トレンドの始まりと考えられ、これを**デッドクロス（DC）**と呼びます。

●図3.3　ゴールデンクロスとデッドクロス

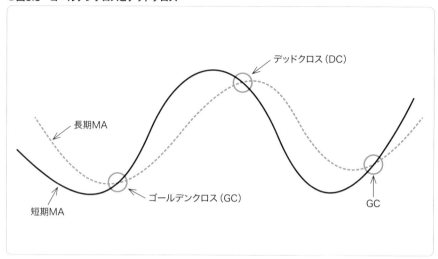

■実践での注意点

　MAのクロスは**線の向き**にも注意します。GCでは長期線が横ばいか上向きの時に、DCでは長期線が横ばいか下向きの時に、それぞれ短期線が抜けること、に限定します。もちろん**実勢レートの向き**にも注意します。

　また、通常は短期と長期のMAが交差する時が売買のタイミングと言われますが、クロスしてからでは手遅れになることが少なくなく、その結果ダマシも多くなります。**MAの向きなどに注意して見ていればクロスする前に予想がつくもので、先行きを読んで判断します。**

■事例（ドル円と日足チャート）

　図3.4はドル円日足に、5日と52日の移動平均線を入れたものです。実勢レートが下落し始めた時に5日MAが52日MAを上から下に抜けると（①DC）、ドル円は下降トレンドが始まりました。

　この時は実勢レートとほぼ同時に長期MAを下回っています。これは短期MAの期間が5日と短く、実勢レートにほとんど沿った動きのためです。DCの後にドル円は下降トレンドが始まりましたが、②で今度はGCとなり上昇トレンドが始まったかと思われました。

●図3.4　GCとDCが出たドル円日足（2019年4月3日〜9月26日）

しかし、その後すぐに③でDCとなり再び下落が始まっています。この時の実勢レートは前回の高値とほぼ同レベルで跳ね返されています。また、天井圏でローソク足が上ヒゲを伸ばして52日MAを下抜けました。その後下落して底を打った後に、今度は④でGCとなり上昇が再開。しかし、この時も前回のローソク足の高値を超えないと、本当に上昇が始まったかどうかはっきりしません。取りあえず買ってみて上抜けできないようなら、再び下落する可能性が高いと判断されます。

　このように、GCやDCはダマシが多く他のテクニカル分析、そしてファンダメンタルズなども参考にしながら判断します。

　特にもみ合いのレンジ相場に入った場合には短期長期とも同じ方向に動き始めるため、DCやGCが頻繁に起きて信頼できなくなります。DCやGCはクロスする前にすでに予想できることから、クロスしてから取引をするのではなく、その前に行うようにします。

　また、長期と短期とのクロスの角度が鋭敏になるほどトレンドは変わりやすくなる傾向があることを知っておきましょう。

第3章　トレンド系指標の読み方と使い方

ボリンジャーバンド

ボリンジャーバンド（Bollinger Bands）は、米国の有名投資家ジョン・ボリンジャーが考案したトレンド系の代表的指標です。

移動平均線（MA）を中心にして、その上下に引いたバンドで実勢レートの収まる範囲を予測するものです。要するにバンドの枠を超えてレートが動く確率は低いことから、逆張りでよく使われるポピュラーな指標です。

ボリンジャーバンドのしくみ

ボリンジャーバンドは、統計学でいう標準偏差と正規分布を利用した指標です。**標準偏差（σ）** とは、多くのデータがある場合、そのデータが平均値からどの程度散らばっているかを表す指標で、値が大きいほどばらつき具合が大きいとされます。

正規分布は、個々のデータの分布をグラフに表した時、平均値をはさんで左右対称の釣鐘型の安定した分布になっている状態を言います。例えば同じ品種のりんご100個の重さを測った場合など、自然界には正規分布に従う事象がよく見られます。

●図3.5　標準偏差と正規分布

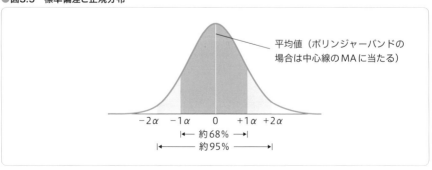

平均値（ボリンジャーバンドの場合は中心線のMAに当たる）

-2α　-1α　0　$+1\alpha$　$+2\alpha$

約68%

約95%

データの分布が正規分布に従っていると仮定すると、平均値±1σの範囲に全データの約68%が収まり、平均値±2σの範囲に全データの約95%が収まるとされています。つまり**例外はわずか5%に過ぎない**というわけです。

ボリンジャーバンドの基本的な読み方

　ボリンジャーバンドは移動平均線（MA）を中心として、その上下に±1σと±2σの計4本のバンドを引きます。±2σの2本だけを引く場合も多く、私自身も2σの線だけをよく使っています。

　中心である**移動平均線の計算期間は20、21、25、26**がよく使われますが、それぞれの通貨ペアやチャートの期間に合ったものを使うようにします。過去のチャートを見て、**実勢レートがバンドの上下にきれいに収まっているかをチェックしながら選択**します。

　中心線と4本のバンドは、**レジスタンスやサポート**になりやすい傾向があります。図3.6を見ても、概ね±2σのバンド内で上下しています。

■基本的には逆張りで攻める

　一般には、外側の±2σのバンドを使って逆張りで攻めます。利食いのタ

●図3.6　ボリンジャーバンドのチャート（日足）

イミングはまず中心線が目安ですが、超えていくようなら反対側の2σのバンドを目指します。逆に反転後の勢いがなくて中心線までいかず、1σのあたりで止まるようなら、そこで手仕舞いした方が無難です（図3.7）。

−2σ付近で買い、＋2σ付近で利食い売り

＋2σ付近で売り、−2σ付近で買戻し

損切りのタイミングは、過去にどの程度上下のバンドをはみ出したかをチェックしておき、その値幅を超えるようなら損切りを入れるのが無難です。

■±2σをブレイクアウトしたら順張り

±2σのどちらかのバンドをブレイクアウトした時は相場に変化が起こり、保ち合い圏から離れて反対のトレンドの動きが始まったと考えること

●図3.7 バンドの効果と特徴

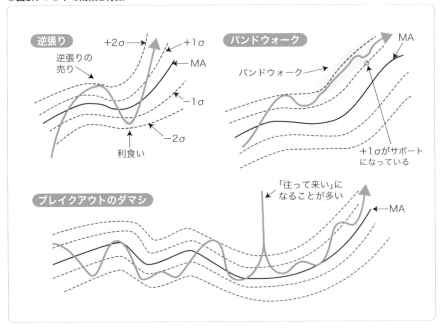

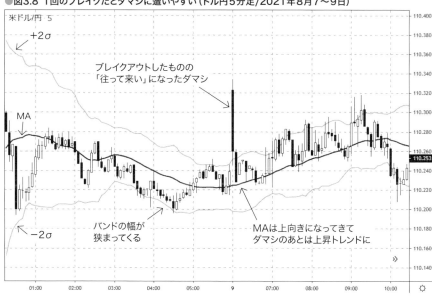

●図3.8 1回のブレイクだとダマシに遭いやすい（ドル円5分足/2021年8月7〜9日）

米ドル/円 5

+2σ

ブレイクアウトしたものの
「往って来い」になったダマシ

MA

−2σ

バンドの幅が
狭まってくる

MAは上向きになってきて
ダマシのあとは上昇トレンドに

ができるので、逆張りから抜けた方向へ順張りで攻めることができます。

　しかし、図3.8のように1回のブレイクで乗るとダマシに遭うことも多いです。それを防ぐには、①1回ではなく2〜3回続けて抜けたのを確認する、②突き抜けた後で戻されても、今度は2σのバンドがサポートになったことを確認する、③パターン分析といった他のチャート分析も併用する、といったことで、ダマシを極力減らすことができます。

　また、その後に**バンドウォーク**（バンドに沿った動き）が続く場合は、上昇時でも下降時でも、±1σか中心線がサポートになることが多く見られます（図3.7）。

その他の特徴と注意点

　ダマシをできるだけ回避するには、他のテクニカル指標と併用することです。オシレーター系のMACDやストキャスティクスなどもよく使われますが、私が最もお勧めするのは1章で解説しましたローソク足のパターン分析です。

●図3.9 ボリンジャーバンドとパターン分析を併用

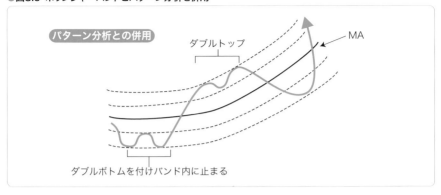

例えば、バンド内で下降し−2σ付近で1番底を付けて、2番目の底もバンド内で跳ね返され**ダブルボトム**になりそうならば、より確率が高まります（図3.9）。**ダブルトップ**や**ヘッド＆ショルダー**なども同様に見ていきます。

■中心線（MA）の方向にも注意する

中心線である移動平均線の向きにも注意します。もし中心線が上向きであれば、−2σで買い+2σに到達したら利食い、もし下向きであればその逆といったように、**トレンドに沿ったポジションメイク**を中心に考えた方がリスクは低く確率は高まります。

■バンドの幅にも注意する

値動きが激しくなって**ボラティリティ（変動率）**が上昇すれば、バンドの幅は広がり、ボラティリティが低下すれば幅は狭くなります。幅が拡大している時は上下どちらかに大きく振れたことを表し、その後も激しい動きが続くことが多く見られます。反対に、値動きが小さく値幅が狭い時間が続くと、**レンジ相場であるとの判断**もできます。

そして、値幅の狭い時間が長く続いた時こそ要注意です。このような時こそ、値が大きく動いて急速にボラティリティが高まりブレイクアウトする前触れと言えます。実際にブレイクアウトした時はその方向に逆らわず、順張りで臨みます。

事例1　ユーロ円日足とボリンジャーバンド

　図3.10はユーロ円の日足チャートで、MAの計算期間は26日を使っています。バンドは±2σの２本入れています。

　＋2σバンドに到達して売りを出しましたが、下げ切らずに一旦損切り。数日たっても下げないことから、**バンドウォーク**が始まるとみて①で買いを入れます。バンドウォークは上昇トレンドの始まりを示すもので、このまま買いのポジションをキープします。

　その後バンドから下に放れ中心線に向かい下げ始めたので、②で利食い売りを出しました。本来ならバンドの中心線で再び買いを入れるところですが、上昇トレンドが終了した可能性もあるので様子見としました。

　その後バンドの上限で跳ね返された③のレベルで売りを出し、下限に届いた④で利食いしました。その後はバンドの中心線がレジスタンスとなり、再び下限に戻ってきました。この時の中心線（MA）は下降トレンドに転換しており、下限バンドでの買いに躊躇していると、下限バンドに沿って

●図3.10　ユーロ円日足と±2σ（2020年6月25日〜11月26日）

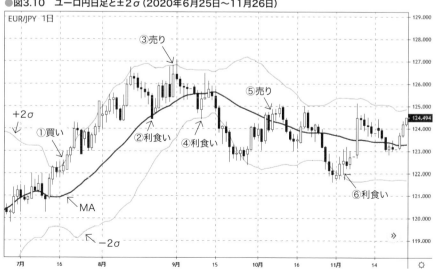

バンドウォークが始まりました。この時点で売りを出すやり方もありますが、出遅れたので様子を見ることにします。

その後バンドの中心線に戻したものの上値が重いと判断し、⑤で売りを出しました。結局もみ合いから再び下限バンドまで下げた後の⑥で利食いしました。

このように日足の取引の時は、天井や底を確認しながら跳ね返すところを狙って入るようにします。

一方、デイトレードでは少しやり方が変わります。

▎事例2　ドル円5分足のデイトレード

図3.11はドル円の5分足チャートで、計算期間は26を使っています。バンドは±2σの2本入れています。

ドル円は東京市場の早朝にNY市場の流れを継いで、上昇で始まりました。2σバンドの上限に達した①で売りましたが、バンドに沿ったまま上昇し始めたので、すぐに②で損切りを入れました。

●図3.11　ドル円5分足によるデイトレード（2021年5月12日）

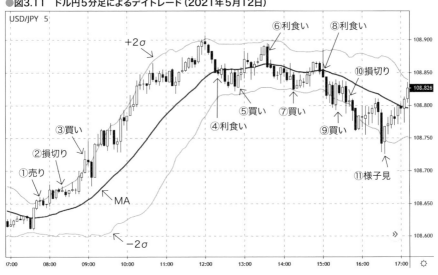

これはバンドウォークの始まりとみて③で買いを入れたところ、案の定バンドに沿って上昇トレンドが始まったので、バンドの中心線を下回るまでこのまま買いポジションを持つことにしました。

　昼過ぎにバンドの中心線を下回った④で、利食い売りを出しました。その後バンドの下限に届く直前で下げ止まった⑤で買いを入れましたが、バンドの上限に近付いたものの前回の高値には届かず下げ始めたので、⑥で売りを出しました。

　⑦ではバンドの下限にタッチしたことで買いを入れ、バンドの中心線の⑧で利食い売りを出しました。下落後にすぐ再び下限の⑨で買いを入れたものの上昇せずに横ばいが始まったので、⑩で損切りを入れました。

　⑪では下限を下回ったものの中心線（MA）が下向きで下降トレンドとなっており、買いよりも戻り場面で売りから入るのがよさそうです。

一目均衡表

　一目均衡表は、昭和の初めに新聞記者であった一目山人（本名：細田悟一）氏が、株式相場の先行きを予想する手法として考案したものです。近年では世界中で「ICHIMOKU」と呼ばれるなど、人気の高い分析手法となっています。

一目均衡表の構成

　一目均衡表（以降、一目とも表記）は移動平均線を基本として作られていて、価格変動よりも時間の変化を重視し、トレンドの始まりと終わりを時間軸で捉えようとするものです。「均衡表」の名がついているだけに、長期と短期の変化を同時に見ることで、**①相場の弱気や強気、②売り手と買い手の均衡が崩れるポイント**を見つけようとするものです。

　一目均衡表はローソク足チャートを使いながら、以下の5本の線で構成されています（図3.12）。そのしくみを頭に入れておきましょう。

- ・基準線…当日を含む過去26日間の高値と安値の平均値
- ・転換線…当日を含む過去9日間の高値と安値の平均値
- ・先行スパン1…基準線と転換線の平均値を取り、当日を含めて26日将来に先行させたもの
- ・先行スパン2…当日を含む過去52日間の高値と安値の平均値を取り、当日を含めて26日将来に先行させたもの
- ・遅行スパン…当日の終値を当日も含めて26日過去に遅行させたもの

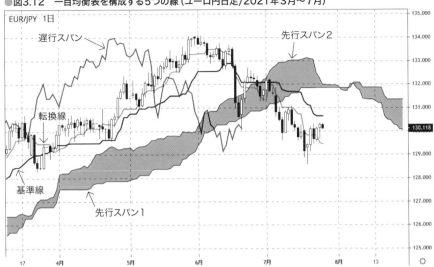

●図3.12　一目均衡表を構成する5つの線（ユーロ円日足/2021年3月〜7月）

一目均衡表の基本的な読み方

　一目均衡表を理解するには、まず基準線と転換線の関係をしっかりと頭に入れておく必要があります。

転換線と基準線はクロスに注目

　基準線が過去26日間の高値と安値の平均値なのに対し、転換線はその約3分の1の過去9日間の平均値です。そのため短期の転換線の方が実勢レートの動きに反応しやすく、長期の基準線と反対方向の動きになります。

　・上昇トレンド…上から実勢レート➡転換線➡基準線の順に並ぶ

　・下降トレンド…上から基準線➡転換線➡実勢レートの順に並ぶ

　・転換線が基準線を上抜けした時（好転）に、実勢レートがその上にあれば上昇トレンドの始まり

　・転換線が基準線を下抜けした時（逆転）に、実勢レートがその下にあれば下降トレンドの始まり

この上下が入れ替わる（交差する）時が、**相場の均衡が崩れる時（好転／逆点）**であり、その時点の実勢レートの位置と併せて判断します。

単純な読み方として、実勢レートが基準線より上にあれば強気相場、反対に下にあれば弱気相場とみることもできます。また、基準線より転換線が上にあれば強気相場、反対に下にあれば弱気相場とみることもできます。

■先行スパン（雲）の基本的な読み方

先行スパン1と先行スパン2に挟まれた帯状のスペースを雲と呼びます。先行スパン1は基準線と転換線の26日平均ですから、約1か月間の長期と短期の平均値を26日先にプロットしたものです。

先行スパン2は、先行スパン1の26日平均に対し倍の52日平均を26日先にプロットしたもので、先行スパン1の細かな動きに比べなだらかな線になりやすいと言えます。その間の値幅が「雲」になります。

雲と実勢レートとの関係は、次のような読み方になります。

- ・実勢レートが雲の上にある時は雲がサポート（下値支持帯）に、反対に下にある時は雲がレジスタンス（上値抵抗帯）となる。雲の厚みがサポート／レジスタンスの強弱を表すと捉える
- ・雲の上限を上抜けると買いサイン、雲の下限を下抜けると売りサインと判断する
- ・雲の中に入ると方向感が定まらず「気迷い」となる
- ・雲の方向（上昇／下降）はトレンドを示す
- ・先行スパン1と先行スパン2がクロスする時、いわゆる「雲のねじれ」が生じた時はトレンドの転換を示す

■遅行スパンの基本的な読み方

遅行スパンは当日の終値を26日、つまり約1か月前に遡って記すことで、現在の実勢レートの水準が高いか低いかを比較するものです。もし遅行スパンが実勢レートよりも上にあれば上昇トレンド、下にあれば下降トレンドという評価になります。

遅行スパンが実勢レートを下から上に抜けば上昇のサインで買い、上から下に抜けば下降のサインで売り、と判断します。

事例1　トレンドの転換を判断する

　図3.13はドル円の日足チャートで、上昇トレンドが安定して続いている時の一目均衡表です。

　このような時は一番上に遅行スパンがあり、その下に最も短期で動く実勢レート、その下に転換線、基準線、先行スパン1、先行スパン2の順番で並んでいることが多くなります。

　当然移動平均線の短いものが上で長いものが下という順になり、これが**均衡状態**となります。この均衡状態が崩れた時がトレンドの転換というように考えます。

　Aでは、実勢レートが転換線を最初に下に抜け、その後に基準線を抜けてきたことで均衡が崩れ始めています。その後、転換線が基準線を下に抜けると、実勢レートはさらに下げ足を速めています。

　そして下値支持線として強い先行スパン1で下げ止まり、跳ね返されま

●図3.13　上昇トレンドの時のパターン（ドル円日足/2021年2月11日〜7月28日）

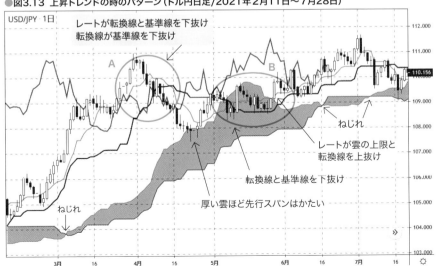

すが、その後の下げでは雲の中に突入しました。

　Bでは、雲の中で方向感がなく横ばいが続きますが、その後先行スパン１を抜け出すと同時に転換線も上抜けると、上昇に弾みがつきました。これで上昇トレンドが再開したとみなします。

　反対に、安定した下降トレンドが続いている時はこの動きと逆で、図3.14のように遅行スパンが一番下にきて、その上に実勢レート、転換線、基準線、先行スパン１、先行スパン２という順に並ぶことが多くなります。

●図3.14　下降トレンドの時のパターン（ドル円日足／2021年2月11日〜7月28日）

　この２つの形を覚えておくと、相場に何らかの変化が起きた時にすぐにわかるようになります。

■雲のねじれにも注目

　75ページの図3.13のチャートでは、雲のねじれが３回起きています。

　最初は左端のところでねじれが起きています。すでに上昇トレンドが始まった後にねじれが起きていますが、実際にはその前にねじれが生じることはチャートを見ていると予想できます。

　右端でもねじれが生じています。先行スパン１と２が入れ替わったもの

の、その後再び元に戻っています。これは一時的に下振れがあっても、上昇トレンドは継続することを示しているとの判断ができます。

しかし、一目均衡表はテクニカル指標の中でもダマシが多いというのが私の印象です。

三役好転と三役逆転

一目均衡表でよく聞かれる言葉で、**三役好転と三役逆転**があります。これまで各線の関係とそれが示すサインについて説明してきましたが、以下の３要件が揃うと、売り買いの強いサインになるというものです。

三役好転➡買いサイン	三役逆転➡売りサイン
・転換線が基準線を上抜け	・転換線が基準線を下抜け
・実勢レートが雲を上抜け	・実勢レートが雲を下抜け
・遅行スパンが実勢レートを上抜け	・遅行スパンが実勢レートを下抜け

これらは相場の均衡が崩れる時のタイミングを示すものですが、この要件の成立だけで相場の動きを見るのは危険です。

あくまで一目の各線の構成や計算式を頭に徹底的にたたき込み、どういう線であるかをすぐにわかるようにしておくことです。そして色々な過去の相場局面のチャートを見て、均衡が崩れる時を体感的に見分けられるようにしましょう。

一目均衡表には「時間論」「値幅観測論」などもある

投資家の心理を表すのがテクニカル指標ですが、投資家の心理は時間の経過とともに変化していくように、「相場は時間が主体であり、実勢レートはそれに付随した動きである」として、その変化日や目標値を求めようとするものです。

一目ではこれらも変化日を求める上で独特な数値を用います。

単純基本数値　9、17、26

複合基本数値　33、42、65、76、129、172、226…

などがあります。

　一目山人氏はこれらを重要な数値と捉えていて、時間軸もこれらの数値を使って次の変化日を予想しています。ただ、それらを極めるにはかなりの経験も必要です。今の段階ではそれらがあるということだけ知っておけば十分です。

　なお、時間論をはじめ一目均衡表について詳しくお知りになりたい方は、**一目均衡表公式HP**（http://www.ichimokukinkouhyou.jp/　㈱経済変動総研）で原著をお求めになれますので、ご参照ください。

事例2　ドル円1時間足で判断する

　一目均衡表は日足での使用が基本とされますが、短い足でもその効果が認められます。ここでは1時間足チャートでの一目の動きとともに、売買タイミングを見ていきましょう（図3.15）。

●図3.15　ドル円1時間足（2021年6月12日3時〜6月21日12時）

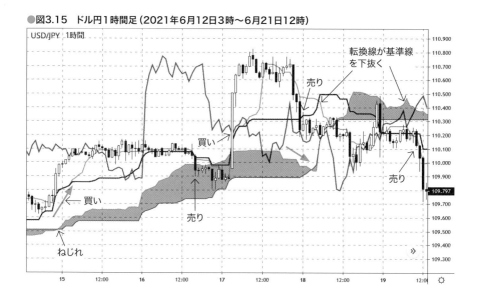

左端のところで雲のねじれが生じた時に、ドル円が上昇しています。同時に転換線と基準線も上昇に転じていることから、買いサインと判断できます。

　その後はもみ合いが続く中で雲が上昇したことで、実勢レートが雲の中に突入したことから方向感がつかみにくい状況であり、売りサインとなります。

　その後に雲の下限で下げ止まったことで、買いを入れるか迷っていると、一気に雲の上限を上抜けて上昇。この時実勢レートが遅行スパンを上抜けたことで買いサインと捉えます。

　その後は高止まりでもみ合いが始まると、今度は先行スパン1が徐々に低下し始めたことから、このままいけば雲のねじれが生じることが予想されました。

　結果、流れが変わるサインが近づいているところにドル円が下落に転じたことで、売りサインと判断します。

　下げ止まったところで、今度は転換線が基準線を下に抜けてきたことや、雲のねじれが再度生じるとドル円は下落しました。その後短時間に反発し雲の上限まで上昇したものの上抜けに失敗し、下限を再度下抜けしました。

　その後転換線が基準線を下抜けたことで売りサインと捉えます。

　このように雲のねじれは前もって予想することができますが、実際にレートが動き出す前にポジションを作るのはリスクが高く、お勧めしません。

　予想通りに実際に相場が動き出したところで、すばやくポジションを作るようにします。

一目均衡表は特にダマシに注意

　一目は相場の流れ次第では、まったく効果が見られない時があります。

　相場は常にダマシが付きものですが、それでもできるだけ回避することが重要です。一目を理解することで、短期中期長期のそれぞれの動きの均衡が破れる時を見極めながら相場を読むという習慣が付いてくれば、ダマシをかなり回避できるようになります。

平均足

平均足はローソク足と同じく日本古来からあるテクニカル指標で、コマ足と呼ばれることもあります。最近では海外勢の多くが使用するなど、改めてその価値が再評価されています。

平均足とローソク足の構成の違い

平均足とローソク足との構成の違いは、下図のように終値と始値にあります。平均足の始値は常に前日の実体部分の真ん中から始まり、終値は当日のローソク足4本値の平均値となります。その結果、窓を空けることなく連続するため、トレンドの見分けがつきやすくなります。

これに対しローソク足は、トレンドが始まっていても相場によっては陽線と陰線が頻繁に入れ替わって方向感がつかみにくく、トレンドが途切れたと勘違いしてポジションを決済したくなります。つまりダマシが多くな

●図3.16 ローソク足と平均足の4本値の違い

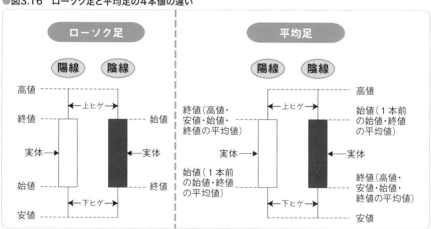

るという欠点があります。

平均足は細かいダマシを回避しやすい

　平均足の最大の特長は、ローソク足に比べ視覚的にトレンドの継続と転換がわかりやすく、売り買いのタイミングが取りやすいということです。

　平均足でも陽線は上昇、陰線は下落を表しますが、細かいダマシが出にくい分、ローソク足よりも長いトレンドに乗っていきやすくなります。

　また、ヒゲの見方もローソク足と違ってきます。ローソク足と違って平均足のヒゲは短く、実体部分がほとんどです。そして、ヒゲが伸びていく方向にトレンドは強く向かうという特徴があります。

　一方、現在の終値と始値がわからないことから細かい動きには対応しにくく、トレンドの転換点がすぐには見極められないという欠点もあります。したがって、**一日に頻繁に取引を繰り返す人には不向き**と言えます。

コマ足に注目する

　しかし、トレンドに変化が起きる時は、コマ足が続いて出てくる時に多く見られるという特徴もあります。

　コマ足とは実体部分が短く、上下にヒゲが生えているものを言います。コマ足の現れる時というのは売りと買いが均衡する時で、気迷いの時であり、トレンド転換の時、あるいはもみ合いに入った時です。

平均足のメリット

・トレンドの始まりと終わりを判断しやすい（ヒゲがトレンドの方向性を示す）

・細かいダマシを回避しやすい

・トレンドの途中で降りずに波に乗りやすい

平均足のデメリット

・現在値と実際の始値・終値がわからない

・転換点がすぐに判断できないことから、短期取引には適していない

ローソク足と平均足の違いを見る

　図3.17の上段がローソク足、下段が平均足のチャートです。

　①では**コマ足**が連続して出ていましたが、Aで下落に転じます。Aの実体を見ると、すべて陰線（黒）が続いて下ヒゲが伸びています。その後②でコマ足が現れると、底を打って上昇Bが始まりました。Bでは陽線（白）が上ヒゲを伸ばしています。そして③のコマ足が現れてCの下降トレンドが始まり、④のコマ足で底打ちしています。

　上段のローソク足と比べてみると、トレンドが一目でわかります。また、トレンドの方向にヒゲが伸びてコマ足が現れると、トレンドが転換しているのがわかります。

■平均足はヒゲにも注目

　トレンドにはパターンがいくつか見られます。陽線で下ヒゲがなく、上ヒゲが長い時が上昇力が一番強く、下ヒゲが現れる時は上昇にブレーキがかかる時になります。

●図3.17　ローソク足と平均足の比較（ドル円日足/2020年1月10日〜4月23日）

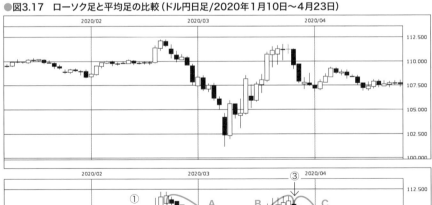

チャート提供：ヒロセ通商

反対に陰線で上ヒゲがなく、下ヒゲが長い時が下落力が一番強く、上ヒゲが現れる時は下落にブレーキがかかる時ということになります。つまり均衡する時と判断されます。

　このように平均足を上手に使うには、ヒゲの生え方やコマ足の出現に注目することです。

ローソク足と平均足を併せて見ると確率が高まる

　図3.18はユーロ円の日足チャートで、上段がローソク足、下段が平均足の２つを比較したものです。平均足の終値は４本値を足して４で割った平均値のため、上段のローソク足の方にトレンドラインを引いてみます。

　ローソク足チャート上でSとAを結んだ線で、上昇トレンドが始まる可能性が高い時に平均足を見ると、Aでコマ足が出現しています。そして次の日に上ヒゲを伴った陽線が出現したことで、上昇トレンドが始まることを確認しました。

●図3.18　平均足とローソク足のチャート（ユーロ円日足/2020年12月23日〜6月16日）

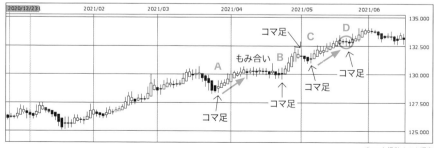

チャート提供：ヒロセ通商

そして上昇トレンドが始まり、その後コマ足が出現したものの転換点にはならずにもみ合いに入りました。ここではポジションを継続するか一旦決済するか、迷うところです。しかし、ローソク足を見るとまだ上昇トレンドが継続していることから、ポジションはそのまま継続します。

　そしてローソク足チャートでは、Bで再び上昇トレンドラインで反発し上昇トレンドが再開しましたが、陰線のコマ足が出たことで決済します。

　Cでは再びコマ足が現れ上昇に転じたことで、再度買いを入れましたが、Dで陰線のコマ足が現れました。

　この時の4日間の動きを2時間足と重ねてみていきましょう。

　日足のD部分（5月19日～25日）を拡大したものが図3.19ですが、コマ足の1日目と2日目は陰線の下押し圧力が続いたものの、Aでは3日目にかけてコマ足が長く続いた後に上昇。その後再びコマ足が始まると、CでBの高値を上回り長い上ヒゲが伸びた陽線となったことで、再び上昇トレンドが始まるだろうとの判断ができました。

　このように平均足は、長短の2つの時間軸を組み合わせることで、より正確にトレンドを見極められるようになります。

●図3.19　2021年5月19日～5月25日のユーロ円2時間足

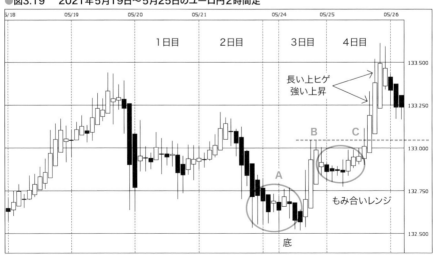

チャート提供：ヒロセ通商

フィボナッチ・リトレースメント

　フィボナッチという名前は知らなくても、黄金比という言葉は聞いたことがあるのではないでしょうか。この黄金比を使い、天井や底を打った後の戻しのレベルを予測するのがフィボナッチ・リトレースメントです。

フィボナッチ数列と黄金比

　フィボナッチ数列とは、13世紀のイタリアの数学者レオナルド・フィボナッチにちなんで名づけられた不思議な数列のことです。次のような数字（フィボナッチ数）が並びます。

> 0,1,1,2,3,5,8,13,21,34,55,89,144,233,377,610,987…

　一見、何の変哲もなさそうな数ですが、フィボナッチ数は自然界にも多く見られます。例えば、花の花びらの数やヒマワリの種の螺旋の数、裏側から松ぼっくりを見た時の渦の数、星雲の渦の巻き方など、フィボナッチ数に該当することが知られています。

　ただし、注目するのはこの数字自体ではなく、隣り合う数字から導き出される比率で、**黄金比**と呼ばれます。

■黄金比とは？

　①どの数字も、例えば２＋３＝５、５＋８＝13、21＋34＝55というように、２つの連続する数の和はその次の数と一致します（図3.20）。

　②どの数字も１つ後の数字で割ると、0.618に近い数字になります。

　③どの数字も１つ前の数字で割ると、1.618に近い数字になります。

　④どの数字も２つ前の数字で割ると、2.618に近い数字になります。

> **フィボナッチ数列**
>
> ①　1, 1, 2, 3, 5, 8, 13, 21, 34, 55, 89, 144, 233, 377, ……
>
> 　　　　　　3　5　8　13　21　　　　　　　　144　233
>
> 　　　　　　　　　　　　　　　**数列の右側にいくほど限りなく近づく**
>
> ②　21÷34＝0.617647…　144÷233＝0.618025…　→　0.618に近づく
>
> ③　89÷55＝1.618181…　377÷233＝1.618025…　→　1.618に近づく
>
> ④　34÷13＝2.615384…　233÷89＝2.617977…　→　2.618に近づく

　このように、フィボナッチ数列からはいくつかの比率が導き出されます。

　例えば、1－0.382は0.618ですが、1：1.618 や0.618：0.382 といった比率は黄金比と言われ、最も美しいバランスの取れた比率とされています。パルテノン神殿やピラミッド、ミロのビーナスなどの歴史的建造物に黄金比が用いられていることはよく知られています。タバコの箱やはがきの縦横比（1：1.618）も黄金比です。

フィボナッチ・リトレースメントによる値幅予測

　相場で使われる黄金比は、**23.6％**、**38.2％**、**50％**、**61.8％**、**76.4％** などです。最近は78.6％なども使われるようになってきました。フィボナッチ・リトレースメントでは、これらの数値を為替レートが上昇・下落した後の戻り幅の予測に使います。

■下落後の戻し（レジスタンス）を予測する時

　例えば、ドル円が100円から80円まで下落して底を打ち、上昇し始めた時の戻しを計算してみます。天井が100％で底を0％とします。下落幅は100円－80円＝20円ですから、戻しのレベル（予想値）は次のようになります（88ページの図3.21上）。

```
①23.6%戻し    80円＋（20円×23.6%）＝84.72円
②38.2%戻し    80円＋（20円×38.2%）＝87.64円
③50.0%戻し    80円＋（20円×50.0%）＝90.00円
④61.8%戻し    80円＋（20円×61.8%）＝92.36円
⑤76.4%戻し    80円＋（20円×76.4%）＝95.28円
```

■上昇後の押し（サポート）を予測する時

　次に、80円から100円まで上昇して天井を打ち、下落し始めた時の押しを計算する時は、底が100%で天井を０％とします。上昇幅は20円ですから、押しのレベル（予想値）は次のようになります（図3.21下）。

```
①23.6%押し    100円－（20円×23.6%）＝95.28円
②38.2%押し    100円－（20円×38.2%）＝92.36円
③50.0%押し    100円－（20円×50.0%）＝90.00円
④61.8%押し    100円－（20円×61.8%）＝87.64円
⑤76.4%押し    100円－（20円×76.4%）＝84.72円
```

フィボナッチ・リトレースメントの使い方

　まず、どのレベルを底と天井にするかで、フィボナッチの取り方はまったく変わってしまいます。トレンドの転換点を見つけ方はこれまで１章や２章でも勉強したので、それらを参考にしてください。

　スタート地点の100%が決まったら、エンド地点０％のレベルを探します。目安となるのは、前回の高値や安値、過去のもみ合いが続くレベルです。フィボナッチの各ラインがエンド地点同様に、過去にもみ合ったレベルと重なると、確信が高まります。

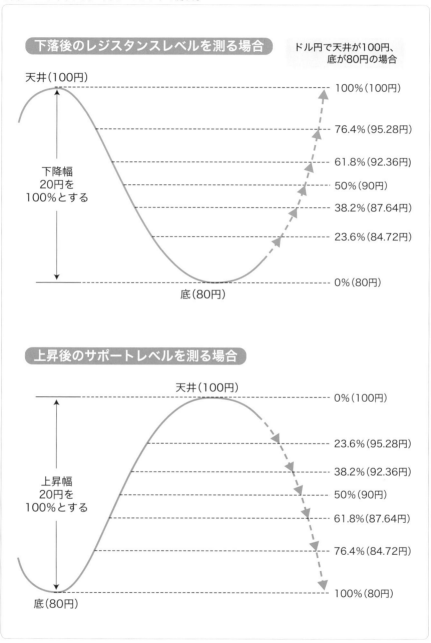

また、ボリンジャーバンドや移動平均線のレベルが重なるか、天井や底とフィボナッチの線が重なるところがあるかもチェックします。

なお、フィボナッチと他のテクニカル指標との併用については、5章で解説します。

事例1　ユーロ円30分足

図3.22はユーロ円の30分足です。SからEまで下落した後に、どこまで上昇するかをフィボナッチで予測してみます。

38.2％戻しのAでは過去にa1でもみ合いがあり、a2、a3でも高値を付けています。50％戻しのBでは、過去にb1とb2で高値を付けています。

61.8％戻しのCでは、過去にc1でもみ合いが見られます。したがってEを底にして、フィボナッチを引くことにしました。

結果、Aでは一旦上値が抑えられてもみ合いが続いています。その後上昇が再開し、Bを天井に下落に転じました。結果的にCには届きませんでしたが、フィボナッチ比率が節目になっていることがわかります。

●図3.22　戻しレベルを探る（ユーロ円30分足/2021年6月10日〜11日）

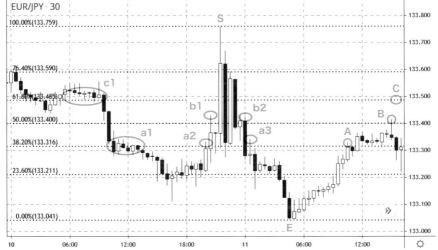

フィボナッチは必ずどれかのフィボナッチ比率の位置で正確に止まるわけではありませんので、その周辺までアバウトで見ながら注文を出すようにします。

事例2　ドル円日足

図3.23はドル円の日足です。底付近で買って、どこで利食い売りを出すのかをフィボナッチを使って考えます。

Sで天井を付けて下落し、Eで底打ちサインとなる下ヒゲの長い寄引同時線が現れて翌日は上昇したので、Eを底としました。

38.2%戻しのレベルAは一気に下落する直前のレベルで、このような下げ方は損切りが入ったと考えられます。Aのレベルは上昇する時も売り注文が並ぶだろうと考えます。

50%戻しのB付近は、上昇過程でかなりの時間もみ合いが続いた時の天井のレベルであり、今回もレジスタンスになり得ます。

61.8%戻しのC付近は下落途中で5日間もみ合いが続いたレベルであり、このレベルもレジスタンスの候補になります。

●図3.23　戻しレベルを探る（ドル円日足/2021年1月20日〜5月16日）

どこで利食い売りを出すかは、その人の取引スタイルによります。早く利食いたい人はＡレベルで注文を出しますし、もっと利益を取りたい人はＣレベルでも良いでしょう。

私の場合ならＢのレベルで売り注文を出します。それは、Ｂはヘッドアンドショルダーの左肩のレベルになる可能性があるからです。もしここを上抜ければ、次はヘッド部分のＳレベルまで上昇する可能性がありますが、その時は再度買いを入れれば良いことです。

他のテクニカル指標と併せて見る

フィボナッチの難しさは天井と底をどこにするかですが、先ほどのポイント以外にも候補はいくつかあります。それは何か重要なニュースやイベント、経済指標が発表された時に相場が動き出したポイントです。そのような時は新たなポジションができたり、損切りが入ったりしやすいのです。

フィボナッチは、それら利食いや損切りを出したレベルと一致することがよく見られます。

なお、フィボナッチには、リトレースメントの他にも、フィボナッチ・エクスパンションなどいくつか種類があります。フィボナッチ類を使いこなせるようになると、かなり強い味方になります。

ポイント

・多くの過去チャートにフィボナッチを当ててみて練習すること

・他の指標やローソク足のパターン、トレンドラインなどと併用して判断すると、信頼性がより高まる

・過去のもみ合いレベルや節目の高値・安値がフィボナッチ線上にある時は、さらに信頼性が高まる

・天井や底を決めるには、そのポイントが新たなトレンドの起点になったかどうかを考えてみる

その他にもあるフィボナッチ類

　これまではフィボナッチ・リトレースメントの使い方を説明してきましたが、フィボナッチにはこの他にもいくつかあります。

■フィボナッチ・エクステンション

　フィボナッチ・エクステンションも、フィボナッチ数列を使いポジションを持った後の利食いレベルがどこまでいくかを予測するものです。

　これはエリオット波動で言う第３波がどこまで伸びていくかを予測します。下図はポンド円４時間足チャートですが、長い下降トレンドが底を打ち①で反発したところで、②で押し戻されたものの①の手前で下げ止まったので上昇トレンドが始まるとみて、③で買いを入れたところです。

　この時の利食いのレベルを予想したものが横に引かれたラインです。押し目の安値③を０％とし、そこからどこまで上昇するかを予測します。

　フィボナッチ・リトレースメントと違って、1.618（161.8％）や2.618（261.8％）といったように、100％を超えた戻しも予測します。下図では④の第３波は100％ラインの手前で戻されています。

　④を上に抜けたところで再度買いを入れていくやり方もありますが、あくまでフィボナッチ・エクステンションは利食い確定を行うものです。

●図3.24　フィボナッチ・エクステンション（ポンド円４時間足）

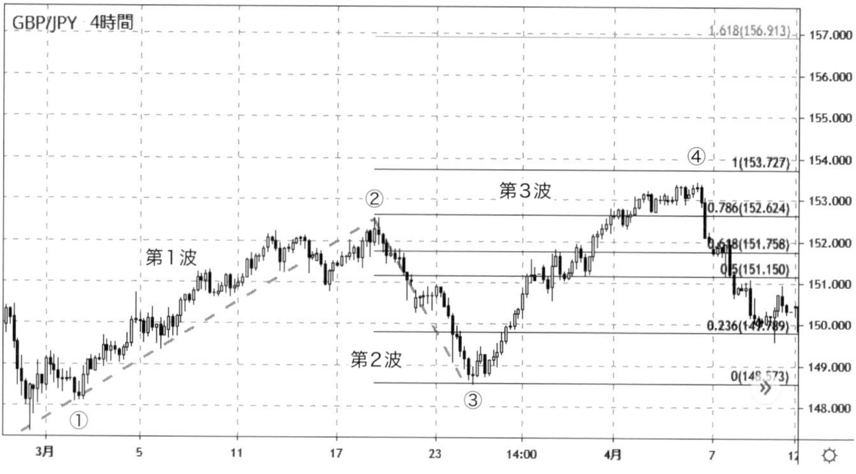

第 4 章

オシレーター系指標の
読み方と使い方

RSI

　相場のトレンドに注目するトレンド系指標に対し、売られ過ぎや買われ過ぎを見ながら売買のタイミングを見つけるのがオシレーター系指標です。その代表格であるRSIを最初にマスターしましょう。

RSIのしくみ

　RSI（Relative Strength Index）とは**相対力指数**と呼ばれ、直近の一定期間（Ｎ日間）において、値幅（上昇幅と下落幅の合計）に対し、同期間の上昇幅の割合がどれくらいかを示して、上昇と下落の勢いのどちらが強いかを測る指標です。

　計算式を見ると、そのメカニズムがよりわかりやすくなります。

$$\text{RSI（\%）} = \frac{\text{Ｎ日間の上昇幅の合計}}{\text{Ｎ日間の上昇幅の合計＋Ｎ日間の下落幅の合計}} \times 100$$

　Ｎの計算期間は**9**、**14**、**22**、**42**などの数字を主に使います。

　例えば、ドル円の14日間の上昇幅が150銭、下落幅が100銭とすれば、14日RSIは次のようになります（日足でも１時間足でも10分足でも、14本RSIと覚えておけば良いでしょう）。

14日RSI＝150÷（150＋100）×100＝60%

RSIの読み方

　RSIの幅は、０〜100%の間で推移します。一般的には、RSIが20%〜30%まで下がると売られ過ぎとみて買いを出し、70%〜80%まで上がると買われ過ぎとみて売りを出します。

底値の判断

・30％以下（特に20％を付けた時）になった時や、30％以下になった後再び30％を上抜いた時　➡買いのサイン

天井の判断

・70％以上（特に80％を付けた時）になった時や、70％以上になった後再び70％を下抜いた時　➡売りのサイン

トレンドの判断

・RSIの50％超が続く　➡上昇トレンドが継続中

・RSIの50％未満が続く　➡下降トレンドが継続中

RSIによる売買サインの判断

　下図はドル円の日足と９日RSIですが、①ではRSIが27％まで低下したところで上昇に転じ、実勢レートも底打ちから上昇。その後はＡの期間で緩やかな上昇トレンドが続いています。その時のRSIは50％を上回って推移しているのがわかります。その間にRSIは２回50％ラインまで下げては反発し、実勢レートも底打ちから上昇に転じています。

●図4.1　RSIでの底打ちの判断（ドル円日足/2020年12月28日〜2021年5月18日）

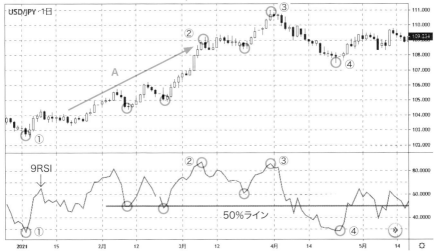

■RSIにもダマシがある

②ではRSIは88％まで上昇し、実勢レートも上昇が止まったので売りのサインと見られたものの、その後RSIが低下しているにも関わらずレートは大きく下げには転じず、再び上昇に転じました。

そしてRSIが再び88％の③に達したところで下げ始めました。②から一度下げた後に同レベル付近まで戻って下げ始めています。これはRSIがパターン分析の**ダブルトップ**を形成したことで、**売りサイン**とみます。結局実勢レートも下落に転じました。

その後は50％を下回り28％の④まで低下したところで、レートは上昇に転じました。30％を下回った④は**買いサイン**となります。その後は50％を上抜いてきましたが勢いはなく、50％ラインを挟んでもみ合いが始まりました。この時はトレンドがまだできていないということです。

RSIは特にボックス相場で効果を発揮する

レートが一定の値幅内で長時間上下を繰り返す時に古いデータと新しいデータが入れ替わることで、直近では売られ過ぎや買われ過ぎの動きがより正確に現れるようになります。

●図4.2　ドル円1時間足と9時間RSI（2021年5月4日10時～5月7日0時）

図4.2はドル円の１時間足と９時間RSIです。ボックス相場ですがRSIと実勢レートの推移を見ると、RSIが70％付近でレートは天井を打ち、30％付近で底打ちしているのがわかります。ダマシも少ないということです。

　反対に、トレンドが続いている時のRSIはダマシが多いということになります。

下降トレンド相場でのRSI

　図4.3は下降トレンド相場でのドル円の１時間足と９時間RSIです。

●図4.3　下降トレンドとRSI（ドル円１時間足/2021年5月12日〜18日）

　これを見ると、①でRSIが70％を超えたところで実勢レートも天井とみて売りを出します。ところがその後RSIは下落に転じるものの、レートはほとんど横ばいに推移しました。

　②でRSIは40％を下回ったことで、さらに下落が進むサインかと思ったら上昇に転じるなど、ダマシになりました。RSIは50％を上抜きましたが60％付近で頭打ち。レートも①以降の高値には届かずに再び下落しました。③でRSIは30％を割り25％まで低下したので買いを入れました。その後

50%付近まで上昇したもののレートは上昇せずにもみ合いに入り、④まで下落。この時のRSIは30%まで低下し、買いを入れてもレートは再び下落するなど、RSIで売り買いしてもほとんど利益は得られませんでした。

■合わない場合は期間調整

　トレンド相場でも上下に激しく動くよう時にはRSIも効果を発揮しますが、このような比較的緩やかな下降トレンド相場では、目立った効果は期待できません。

　このような時には**期間調整**をすると、効果を発揮することがあります。色々と期間を変えてみて、過去の実勢レートとの動きを照らし合わせながら見るようにします。

RSIのダイバージェンス現象

　RSIでは、RSIの向きと実勢レートの向きが反対になる時があり、これを**ダイバージェンス（逆行現象）**と言います。

　RSIが上昇している時にレートが下げている場合はレートが後から上昇、反対にRSIが下降している時にレートが上昇している時は実勢レートがその後下落することが多いというものです。

●図4.4　オシレーター系指標は逆行現象が起きることがある

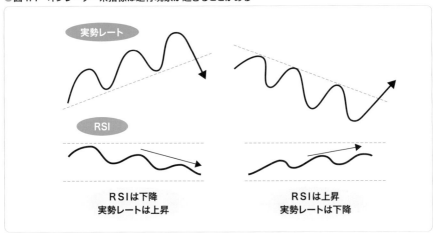

●図4.5　ダイバージェンスの例（ドル円1時間足/6月4日11時～6月10日5時）

　相場の流れの変わるところでダイバージェンスがよく見られることがあります。

　図4.5はドル円の1時間足と14時間RSIですが、急落した後横ばいから下落に転じ、Aでは再び下落しています。一方、RSIを見ると横ばいが続いていて、実勢レートはその後下げ止まりから緩やかな上昇に転じているのがわかります。

　このように実勢レートとRSIの動きが異なるダイバージェンスが現れると、相場の流れが変わる前触れとみることができます。

ストキャスティクス

ストキャスティクス（Stochastics）もオシレーター系の代表的な指標で、主に短期で使用することが多い指標です。

ストキャスティクスとは？

ストキャスティクスには、短期間の上下を判断するファーストストキャスティクスと少し長めで判断するスローストキャスティクスの２つがあります。ファーストの方がよく使われますが、上下の動きに反応しやすくダマシも多くなります。一方スローの方は少し遅れて反応しますが、それだけリスクは低くダマシは出にくくなります。

本項では、主にファーストストキャスティクス（以下、ストキャスと略）を例に取ります。

ストキャスティクスは、３本の線（％D・％K・Slow％D）を使って売買タイミングを探ります。直近の終値が過去の一定期間における最高値と最安値のどちらに近く、どの程度の位置にあるかを０から100％の数値で示すものです。

計算式

$$\%K = \frac{直近の終値 - 過去N日間の最安値}{過去N日間の最高値 - 過去N日間の最安値} \times 100$$

％D＝％Kの３日移動平均

Slow％D＝％Dの３日移動平均

パラメータ値	9　14　21　26

　前ページの上記の計算式を見てわかるのは、その期間の値幅で現在上限に近いのか下限に近いのかを示すものです。もし、5日間でドル円の高値が110円、安値が100円とします。当日の終値が108円とすれば下記のようになります。

　（108−100）÷（110−100）×100＝80%

　過去5日間のうち最高値に限りなく近づいていることから、「売り」という判断になります。

ストキャスティクスの読み方

　単純な読み方としては%K、%D、Slow%Dが80%より上の時は買われ過ぎ、20%より下の時は売られ過ぎと判断します。しかし実践の相場ではそうは通用しません。

　例えば、上昇トレンドが続く相場で5日のパラメータを使うと、80%を上回っても上限にそのまま高止まりして、その時点で売るとさらに上昇が続いたとしても利益を取り損ねてしまいます。反対に、長めのパラメータを使うと、下落に転じてもまだ80%を超えたままになり、売りのタイミングを逸します。

　そこでストキャスの実践的で上手な使い方としては、80%を超えた後に再び80%を下回る時が売りのタイミングというようにみます。しかし、それでも実際の相場ではダマシが多く見られます。

■ファーストストキャスティクスとスローストキャスティクス

　実践では2本の線を使います。比較的細かい取引をする時は%Kと%Dの2本を使います（ファーストストキャスティクス）。余裕をもって取引をする時は%DとSlow%Dの2本を使います（スローストキャスティクス）。

　私の場合はSlow%Dの方を使って取引することが割と多いですが、それは人それぞれの取引スタイルに合ったもので判断しましょう。

ここでは、ファーストストキャスティクスを使いながら売買のタイミングを見つけていきます。

ファーストストキャスティクス（％Ｋと％Ｄ）

売りのタイミング

・％Ｋと％Ｄが80％以上の時（買われ過ぎ）

・％Ｋが％Ｄをクロスして下に割り込む時

・実勢レートが高値を更新している時でも％Ｋや％Ｄが前回の高値を上回らない時

買いタイミング

・％Ｋと％Ｄが20％以下の時（売られ過ぎ）

・％Ｋが％Ｄをクロスして上に抜ける時

・実勢レートが安値を更新している時でも％Ｋや％Ｄが前回の安値を下回らない時

スローストキャスティクス（％ＤとSlow％Ｄ）

売りのタイミング

・％ＤとSlow%D が80％以上の時（買われ過ぎ）

・％ＤがSlow%D をクロスして下に割り込む時

・実勢レートが高値を更新している時でも％ＤやSlow%Dが前回の高値を上回らない時

買いのタイミング

・％ＤとSlow%Dが20％以下の時（売られ過ぎ）

・％ＤがSlow%Dをクロスして上に抜ける時

・実勢レートが安値を更新している時でも％ＤやSlow%Dが前回の安値を下回らない時

　どちらも天井や底値を確認した段階で、順張りでポジションを持つようにします。

また、ストキャスは上昇と下降のどちらでも、トレンドが発生している時が最も効果を発揮します。反対にボックス相場においては、効果は低くなります。

　例えば％Ｋが80％か90％にいて少し遅れて％Ｄ、そしてSlow％Ｄが80％から90％に上昇した時に、％Ｋが80％を割り込んだとします。これは売りのタイミングとみることができますが、そのすぐ後に％Ｋが再び90％に向かって上昇し始めるようなら、この相場はボックス相場に入った可能性が高いと考えます。それは直近の実勢レートが上昇したことで、％Ｋが上向きになったことを示すものだからです。

　売り買いのタイミングというのは、％Ｋと％Ｄが同じ方向に向いた時がそのタイミングと判断します。

％Ｋと％Ｄの示すタイミングを比較してみる

　図4.6はドル円の１時間足チャートに％Ｋだけを入れ、次ページの図4.7は％Ｋと％Ｄの２本を入れたものです。２つのチャートは同じもので、％Ｋは21、％Ｄは３です。この２つで売買タイミングを比較してみます。

●図4.6　％Kのみ表示したストキャスティクス（ドル円1時間足/2021年6月2日〜8日）

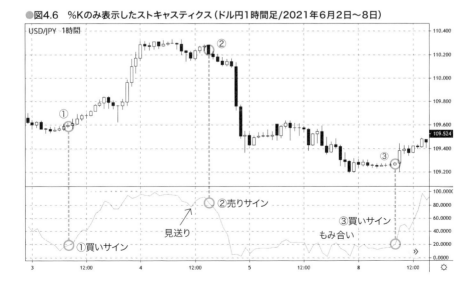

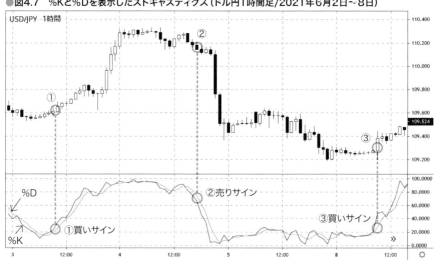

●図4.7 ％Kと％Dを表示したストキャスティクス（ドル円1時間足/2021年6月2日~8日）

　図4.6の①では、％Kが一度20％を下回り10％まで下げ、後に再び20％
を上抜けたので買いのタイミングと判断します。

　一方、図4.7では、％Kが20％を上抜けても％Dはまだ抜けてはおらず、
20％を上抜けしたのは２時間後でした。この時が買いのタイミングになり
ます。

　図4.6の②でも、最初80％まで下落した地点はすぐに反発したので見送
り、再度80％を下回ったところが売りのタイミングになります。

　図4.7では、％Dが％Kの２時間後にゆっくりと80％を下回るなど、２
本が下向きになったところが売りのタイミングになります。

　③では、図4.6は％Kが20％を挟んでしばらくもみ合いが続いた後に上
抜いたところが買いのタイミングになります。

　図4.7では％Kが20％を上抜け、その１時間後に％Dが20％を上抜けし
た時が買いのタイミングになりました。

　この２つを比較すると、％Kだけで取引をした方が早くポジションを持
てることから有利に見えます。しかし、実際の取引では％Dを使うことで、

●図4.8　ユーロ円1時間足（2021年5月18日20時〜5月25日19時）

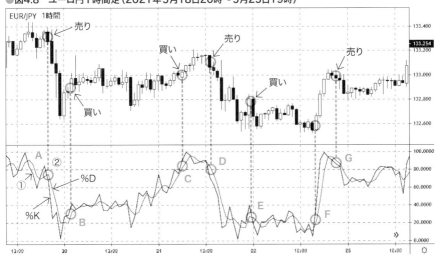

ダマシをより減らすことができるのです。

　図4.8はユーロ円1時間足チャートで、％Kは21、％Dは3です。

　Aは、％Kが①で80を下回ったものの、％Dは80％より上なのでまだ売りサインとなりません。その後％Dも80％を下回ったものの、今度は％Kが上昇したので、売りを出せません。その後②で％Kが80％を下に抜けた後すぐに％Dを下抜けしたので、この時点で売りを出します。

　Bは、％Kが20％を割り込んですぐに20％を上抜けしたものの、％Dはまだ20％よりも上で下落中なので買いサインにはなりません。

　その後％Kが上昇の時に、％Dが20％の手前で上昇に転じるなど同じ上向きとなったことから、買いのサインと判断できます。

　Cは、％Kが80％を上抜け、そのすぐ後に％Dも上抜けたことで買いのサインと判断できます。

　Dでは、％Kに続き％Dが80％を下抜けたので、売りを出します。

　Eは、％Kが一旦20％を下抜けた後すぐに上に抜けたので買いたいところですが、　％Dがまだ下落中なので買いを入れるのは待ちます。その後、

％Ｄも上昇に転じたことから買いを入れます。その後は％Ｋも％Ｄも20％を挟んでお互いの向きが反対に動き出したので、トレンドからレンジ相場に移ったとみて取引を控えます。Ｆでやっと％Ｋと％Ｄが20％を上抜けたことから、レンジの上限を上抜けたと判断。上昇トレンドの始まりとみて買いを入れます。

　Ｇでは、％Ｋと％Ｄが90〜100％の間で下落に転じたことで、80％をいずれ双方が下抜けすることが確実と予想されることから、80％につく前に売りを出します。

　このように％Ｄを同時に見ていくことで、ダマシができるだけ回避できていることがわかります。

ポイント

・ストキャスは決して逆張りではなく、一歩遅れてくる％ＤやSlow％Ｄを参考にしながら天井や底値を確認したところで順張りのポジションを持つ

・％Ｋのパラメータは5や9だと短期的に振れやすく、判断を誤りやすいため、21や26といった少し長めの期間を使うようにする

MACD

MACD（Moving Average Convergence/Divergence）は、日本語で「移動平均：収束拡散トレード法」と言います。一般には「マックディー」と呼ばれています。

名前にあるように「移動平均線」を使用した計算式で、一見トレンド系指標のようですが、売られ過ぎ・買われ過ぎを示すオシレーター系にも属します。

MACDのしくみと計算方法

MACDは、「MACD」と「シグナル」という2本の線で売買タイミングを見るものです。2本の移動平均線の差（MACD）が拡大したり縮小したりする数値で、売られ過ぎや買われ過ぎを判断します。

そのしくみ、つまり計算式を知ることで感覚的にわかるようにしておきましょう。

この指標で使う「移動平均線」は単純移動平均線（SMA）ではなく、**指数平滑移動平均線（EMA）**です。EMAの特徴は最初の古い数字を捨てて最新の新しい数字を2倍にする計算方式で平均値を出すため、直近の値動きを大きく速やかに反映します。

当日の指数平滑移動平均(E) ＝ 前日の指数平滑移動平均 ＋ α
× （当日終値 － 前日の指数平滑移動平均）

α：平滑化定数　$\alpha = 2 \div (X+1)$　XはSMAの平均期間

このように直近にかけて相場が荒れた場合、EMAはSMAに比べてその

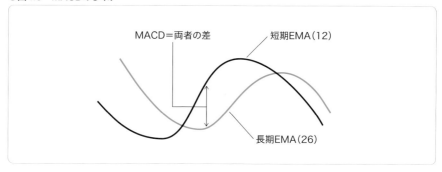

値にすぐに反応してくることがわかります。つまり直近変化がわかりやす
いということです。

　MACDの計算期間は、一般的に短期EMAが9や12を、長期EMAは26
を使用します（図4.9）。

　移動平均線の節で説明しましたが、短い期間ほど細かくジグザグに動き
やすくなり、それだけ変化を敏感に知ることができる一方でダマシに遭い
やすいという欠点もあります。長期の期間はゆったりとした曲線を描き、
騙されにくいものの、変化のサインが遅くなるという欠点があります。こ
の9、12、26といったお勧めの計算期間というのは過去の経験則なども
含め、相対的に判断しやすい期間と言えます。

　なお、**シグナルはMACDの単純移動平均線（SMA）で、計算期間は9**
を使うのが一般的です。

　MACDもRSIと同様、移動平均線やボリンジャーバンドのように実勢レ
ート上で底値や天井と重ねるといった描き方はしません。実勢レートは上
段、MACDは下段に置いて、時系列で見るようにします。

MACDの読み方

　MACDは売られ過ぎ買い過ぎというだけではなく、トレンドも示すと説
明しました。

　長期EMAが短期EMAよりも大きい時はMACDはゼロの上、小さい時は

ゼロの下、両方のEMAの値が同じになれば、MACDは当然ゼロになります。

このゼロラインを基準にして、MACDが上にあれば上昇トレンド、下にあれば下降トレンドと判断します。

ただ、常にそうだとは言えません。例えばゼロラインより上でもMACDが下向きの場合は、下降トレンドが始まるサインとみることができます。

MACDの下降トレンドが始まる時の状況は、長期と短期の幅が狭まる時です。これは短期EMAの値が上昇する時で、反対にこれが低下し始めると上昇トレンドが始まることになります。

MACDは単独の動きに加え、**シグナルとのクロス**を見て売買タイミングを計っていきます。

MACDとシグナルの読み方

注目するポイントは以下の４つ目までになります。

・MACDがシグナルを下から上に抜ける⇒買い
・MACDがシグナルを上から下に抜ける⇒売り
・MACDとシグナルがゼロラインを上に抜ける⇒上昇トレンド継続
・MACDとシグナルがゼロラインを下に抜ける⇒下降トレンド継続
・相場がレンジに入った⇒**ダマシが多くMACD効果は低下**

■事例（ユーロ円と１時間足チャート）

次ページの図4.10はユーロ円１時間足チャートですが、まずMACDとシグナルで売買のタイミングを見ていきます。

Ａでは、MACDが15と高いレベルでシグナルを下に抜けてきたことで、売りサインになります。

そしてＢで、MACDはシグナルを上に抜けましたがゼロラインの手前ということもあり、まだ下降の流れが続いていることになり、買いはダマシの可能性があります。

●図4.10　MACD（12、26）とユーロ円1時間足（2021年5月10日〜17日）

　①では、MACDとシグナルがゼロラインを下回ったことで下降トレンドが継続となりますが、実勢レートはすでに下降トレンドが続いていることから、ここから売っても利益は限られリスクは高いのでお勧めしません。

　Cでは、ゼロラインの下でMACDがシグナルを上抜けしたので、買いのチャンスとみます。

　そして②でMACDとシグナルがゼロラインを上抜けしたことで、さらに上昇が見込めます。

　Dでは10レベルでMACDがシグナルを下抜けしたので、絶好の売りのタイミングになります。この時はすでに実勢レートが先に下落しているため、出遅れて売ることになりますが、その後Dの下落前のレベル近くまで戻ったことで、この時点では損失を被ることになります。

　MACDとシグナルの2つがこれだけ高いレベルまで上昇している時は、売りのタイミングが近いと予想できます。実勢レートが下落した時にはすぐに売りを出すようにします。**出遅れると逆に損切りを余儀なくされることもMACDにはよくあります。**

EではMACDがゼロラインを下回ったものの、シグナルはまだ下げ止まりました。そしてMACDはシグナルを上に抜けたので、絶好の買いのタイミングになります。③ではMACDとシグナル双方が上昇するなど、買い増しを入れるタイミングとなります。

　その後10レベルまで上昇したところでシグナルを下に抜けたところ（Ｆ）が、利食い売りのタイミングになります。

レンジ相場でのMACDは役に立たない

　MACDは、トレンドができている時はその効果を十分に発揮することができますが、レンジ相場が続く時にはほとんど役に立たない状態になります。

　図4.11は、ドル円の１時間足でボックス相場の時のMACDの動きを示したものです。MACDとシグナルがクロスした時（青色の部分）は、ほとんど相場の後追いになることがわかります。

　レンジが続くような時はMACD以外の分析ツールを使うか、他の指標との併用で使うようにします。

●図4.11　レンジ相場でのMACDの例（ドル円１時間足/2021年5月20日〜27日）

ヒストグラムがあると視覚的に判断しやすい

　MACDを使いこなすようになると、あらかじめクロスのタイミングを少し先に予想することができます。売り買いのタイミングを少しでも早くわかれば利益を増やせるだけではなく、損切りも早めに入れることができるようになります。

　MACDでは短期と長期のEMAの開きを視覚的に認識しやすいように、各FX会社のチャートでは**ヒストグラム**も見ることができます。

　ヒストグラムはMACDとシグナルの差を表しており、MACDがシグナルより上ならばプラスに、下ならばマイナスになります。差の大きさも一目でわかります。ヒストグラムがゼロラインを挟みどの程度長短のEMAが開いているのかを見ながら、シグナルとMACDのクロスやトレンドを見ると、より売買の判断がしやすくなります。

■ヒストグラムも合わせて見る例（ドル円日足）

　図4.12はドル円の日足チャートに、ヒストグラムも使ったMACDを表示した例です。これで売買タイミングを見ていきます。

　①はゼロラインを下回っていることからもわかるように、下降トレンドの途中でMACDがシグナルを上抜いています。しかしこのような時に買いを入れるのは、リスクが高いので見合わせます。

　②ではMACDがシグナルを上抜けしましたが、その前にYのレベルで**ダブルボトム**を付けていることから、①よりも買いのチャンスとみます。そしてその後上昇に転じ、③でMACDがシグナルを下抜けしたことで売りを出します。

　しかし、そのすぐ後にAでゼロラインを上抜いたことで下降トレンドが終了したか迷うところですが、すぐに買いを入れるのは待った方が良いでしょう。その後再びBでゼロラインを下回り、シグナルを下に抜けたことで、ヒストグラムもゼロラインを下回りました。これは下降トレンド再開

●図4.12　ヒストグラムを表示した例（ドル円日足／2019年5月7日〜10月23日）

とみて売りのサインと判断しました。

　その後MACDはマイナス100％近いところまで下げた後に、④でシグナルを上抜き、ヒストグラムも限りなくゼロに近づいていることから、そろそろ下降トレンドも終盤に近いとみて買いのタイミングと判断しました。

　そしてCでMACDがゼロラインを上抜き、その後シグナルも上抜いたことで、上昇トレンドがもうしばらく継続するとみることができます。

　その後MACDは60％レベルまで上昇した後、下落に転じています。この時点でシグナルはまだ上昇していることから、いずれ**デッドクロス**になると予想することができます。

　実践では⑤のデッドクロスまで売りを待つのではなく、その前に売りを出すようにします。

DMI

DMI（Directional Movement Index）は、**方向性指数**と呼ばれオシレーター系指標の１つですが、同時にトレンドフォローとしても使われる指標です。考案者はRSIと同じく、Ｊ・Ｗ・ワイルダー氏です。

オシレーター系は基本的にトレンド転換前の動きを予想しますが、DMIは**上昇か下降かというトレンドの向きとその強さ**を同時に表します。その結果、他のテクニカル指標と併用することで、ダマシの多くなるレンジ相場で威力を発揮します。

DMIとは？

DMIは、基本的に＋DIと－DI、ADXの３つのラインで構成されます。＋DIは上昇トレンド、－DIは下降トレンドを表す指数で、ADXはそのトレンドの有無と強さを表します。

DMI計算の大まかな流れ

当日の高値と安値、前日の高値と安値の４つを使い一定の計算式を用いて、DM（値動きの方向性）という値を求めます。＋DM（上昇幅）と－DM（下落幅）があります。

次に、やはり当日の高値と安値、前日の高値と安値を使い、実質的な変動幅を表す**TR**（実質変動幅）を求めます。さらに＋DMと－DM、ATR（TRの移動平均）から、DI（トレンドの強さ）を求めます。

DIは２つあり、＋DIが上昇の勢い、－DIが下降の勢いを表します。

また、＋DI、－DIから**DX**（Directional Index）を求めます。DXの単純移動平均をとったものが**ADX**で、トレンドの発生と強弱を表します。

> $+DI =$ （N日間の$+DM$の合計）÷（N日間のTRの合計）×100
>
> $-DM =$ （N日間の$-DM$の合計）÷（N日間のTRの合計）×100
>
> $DX = |(+DI - (-DI) ÷ (+DI + (-DI)|$
>
> $ADX =$ （DXのN日間の単純移動平均）

　これらの計算式は覚える必要はありませんが、「N」にあたる計算のパラメータだけ、**通常は14日（本）を使う**と覚えておいてください。

　要するにDMとは、前日と比較して一日の上昇、下落の強さを表し、DIとはそのDMが14日間の全体の値動きの中でそれぞれ何％であったかを数値化したものです。トレンドの強弱を表すADXは簡単に言うと、$+DI$と$-DI$との差と考えておけばわかりやすいでしょう。

DMIの基本的な読み方

　基本的には次のような読み方になります。

> $+DI$が$-DI$より上にあれば、買い勢いが強く上昇トレンド
>
> $-DI$が$+DI$より上にあれば、売り勢いが強く下降トレンド

　$+DI$と$-DI$がクロスする時は**相場の転換**を示唆します。$+DI$が$-DI$を下から上に抜けた時が買い、$+DI$が$-DI$を上から下に抜けた時が売り、のタイミングとなります。

　ただ、$±DI$はトレンドの発生時には効果を示すものの、２本のクロスサインだけではどうしてもダマシが多くなるため、レンジ相場に入るとほとんどその効果は低下するという欠点があります。

　そこでADRでトレンドの強弱を確認します。この３本を同時に見ていくようにします（図4.13）。

　ADXは０～100％の間で推移します。トレンドがはっきりしない時には

ADXの値は低くなり、トレンドがはっきりしてくると上昇していき、トレンドが終わると再び下がり始めます。

●図4.13　DMIの3本ラインの基本的な売買サイン

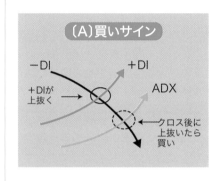

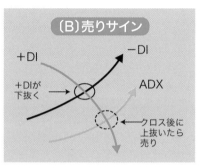

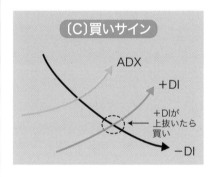

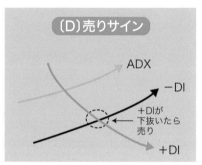

〔A〕 ＋DIと－DIがクロスした後にADXが－DIを下から上に抜ければ、上昇の勢いが強くなっていることを示し買いサイン

〔B〕 ＋DIと－DIがクロスした後にADXが＋DIを下から上に抜ければ、下降の勢いが強くなっていることを示し売りサイン

〔C〕 ADXが上に位置する状態で、＋DIが－DIを下から上に抜ければ買いサイン

〔D〕 ADXが上に位置する状態で、＋DIが－DIを上から下に抜ければ売りサイン

ADXが上昇している時は、上昇／下落のどちらかにトレンドがある時です。下降している時は、トレンドが調整中ないしは保ち合いにあると判断します。

これらを頭に入れておけば＋DI、−DI、ADXの３本の線を視覚的にイメージすることができるようになります。

事例1　ドル円日足と±DI

まずはDIだけの効果を見てみましょう。下図は＋DMと−DMの動きだけで見たドル円の日足チャートで、計算期間は14日です。

●図4.14　ドル円日足と±DI（2018年6月25日〜11月9日）

①は＋DIが−DIを下から上に抜けたことで、ドル円は買いの勢いを増し上昇トレンドが発生しています。

②は−DIが＋DIの上に抜けて、下落トレンドに転換しています。

③は＋DIが上になりドル買いの勢いが強まったものの、−DIとの幅が狭まったことから横ばいになっています。

④は－DIが＋DIの上に抜け、下落トレンドが発生しています。

⑤は＋DIと－DIが交錯し始めたことで、もみ合いに突入しました。

⑥は＋DIが－DIの上に抜け、もみ合いから上昇トレンドが発生しています。

⑦は再び＋DIと－DIが交錯し始めたことで、もみ合いに再度突入しています。

⑧は＋DIが－DIの上に抜けて上昇トレンドが発生しています。

■ADXを加えてみる

このようにDIだけでも、上昇／下降トレンドの発生ともみ合い入りのタイミングが見えてきます。このチャートにADXを重ねてみると、さらに売買ポイントが明確になってきます。

●図4.15　ADXを加えたチャート

Aではすでに＋DIが－DIの上で推移し、買いの勢いが強まる中で　ADXの上昇が始まったことで買いのサインと見れます。

BではADXが低下し始めたことでトレンドが終了に向かい、横ばいの始まりを示したことで取引終了を示します。

　Cでは＋DIが－DIを上に抜けてADXも上昇に転じたことから、買いのサインと見れます。

　DではADXが低下しトレンドの勢いがなく、＋DIと－DIの幅が狭まり交錯し始めたことから、もみ合いが始まったことを示しています。

事例2　ユーロ円1時間足とDMI

　ユーロ円の1時間足でDMIを使ってみます。計算期間は14です。

●図4.16　ユーロ円1時間足とDMI（2021年6月3日2時〜6月9日5時）

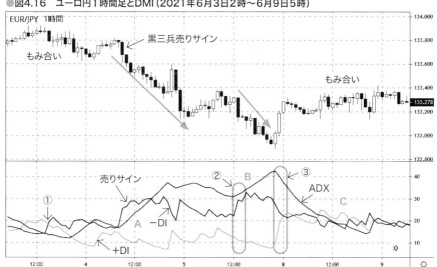

　①で＋DIが－DIを下に抜けて下落トレンドの発生サインが出ましたが、ユーロ円はまだもみ合い。その後AでADXが上昇し始めると、ユーロ円の下落トレンドに勢いがつき始めています。これが売りのサインとなります。

　②で＋DIは下落し同時に－DIは上昇し始めました。これは売りの勢力が強いことを示しています。この時トレンドの強さを示すADXも上がり始め

たので実勢レートの下落速度が再び加速するサインとみることができます。

　現在の売りのポジションを持ち続けるか、あるいは売り増しして行くかはその時の相場のセンチメントを見ながら決めます。

　③では＋DIが下落から上昇に転じ始めると同時に、－DIが下落し始めました。これは売りよりも買いの勢力が強まり、ユーロ円は上昇に転じるサインとみることができます。

　一方でADXは下落に転じたことで、これまでのトレンドの勢いは衰えることを示しています。これはユーロ円の買いが強まったとしても勢いはないことを暗示します。

　結果的にCのもみ合いが始まりました。

　DMIは、トレンドが続いている時はそのままポジションをキープしておきますが、ADXが横ばいあるいは低下し始めた時はポジションをクローズした方がリスクは低くなります。

　もみ合いが終了し再びトレンドが始まれば、その時またポジションを持つようにすれば良いことです。

> **ポイント**
> ・ADXが下降から上昇に転じる時がトレンドの始まりで、その時は＋DIの方向にポジションを取るタイミングになる
> ・ADXが上昇から下降に転じる時がトレンドが終わるサインで、ポジションクローズを考える
> ・ADXの水準が高い時は相場のトレンドが強く、順張り方針が基本。逆にADXの水準が低い時は相場のトレンドが弱く、逆張り方針が有効
> ・３本の線が密集している時は相場の転換点になることが多く、エントリーや手仕舞いなど、売買ポイントになるとみることができる

第**5**章

2指標以上を
組み合わせて
成功率アップ！

移動平均線とRSIを組み合わせる

　トレンド系の基本である移動平均線とオシレーター系の代表RSIとの組み合わせは、最も相性が良いとされています。しかし実際には必ずしもそうとも言えず、通貨ペアや期間の長さなどによって相性が異なるものです。

　要は売買のタイミングを知るためですから、その時々のダマシをできるだけ回避できる組み合わせが、最も相性が良いということになります。

事例1　ユーロ円日足と3本の移動平均線＋RSI

　図5.1は、ドル円の日足チャートに5日、25日、75日の3本の移動平均線とRSI（9日）を重ねて、売買タイミングを見つける例です。

●図5.1　ユーロ円日足（2021年1月14日〜7月5日）とRSI

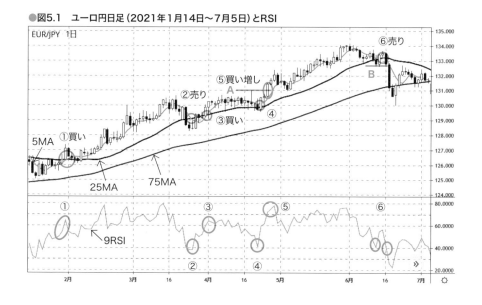

■指標の読み方と売買ポイントの例

　①では、25MAを5MAが下から上に抜けて**ゴールデンクロス**となり、上昇トレンドの始まりのサインが示されました。また、75MAは平行ですが上向きに向かう兆しが見えることから、買いのタイミングかどうかをRSIも見て決める場面になります。

　その時のRSIは、30％を付けた後に50％を上抜けるなど上昇トレンド継続を示すものでした。その後は70％に近づいたもののまだ買われ過ぎまでは至らないとみて、買いを入れます。

　②では、5MAが25MAを下に抜け**デッドクロス**となったことで、上昇トレンドが終了した可能性があります。しかし、75MAがまだ上昇トレンドを継続しており悩むところです。RSIは50％を下回ってきたので上昇トレンド終了とみて、買いのポジションを決済します。

　③では、下降トレンドの始まりを見極めて売りを出す準備をします。しかしそのすぐ後にRSIは50％を上抜け60％を超え、5MAが25MAを上抜いてきました。75MAも上向きのままであり、上昇トレンド再開とみて買いを入れる場面です。

　その後は3週間近く**もみ合い**となりましたが、75MAは上昇トレンドを継続しRSIは50％を上回る動きが続いたことで、ポジションはそのままキープします。

　④では、RSIが50％を下回り5MAが25MAに近付いてきたので、売りを出すか迷う場面です。結局25MAには届かずに離れていったことで、ポジションはそのままキープします。

　⑤では、RSIが70％を超えてきたことや、実勢レートが直近の高値Aを上抜いたことで上昇トレンドが始まるとみて、買い増しもできる場面です。

　その後は3本のMAの上昇トレンドが継続しRSIも70％を上回ったまま横ばいとなるなどしたため、ポジションはそのまま持ち続けます。

しかし⑥で5MAと25MAがデッドクロスし、RSIも50%を２度下回るなどトレンドの終了サインを示しました。75MAの角度もやや緩やかになり始め、実勢レートも直近の安値Ｂとほぼ並んだところで、２つの買いポジションを売ってクローズします。

このように、ローソク足やトレンド系指標だけでは迷うことが何度もありますが、その時はRSIが背中を後押ししてくれます。

ただし、それでもダマシを完全に回避することはできません。間違ったと思ったら素直にポジションを切ることが大切です。

事例２　ドル円30分足と３本の移動平均線＋RSI

今度は30分足チャートで、数日のスイングトレードでこの組み合わせを使う例です（図5.2）。計算期間はMAが５、25、75、RSIは９です。

デイトレやスイングトレード（数日間の場合）では、基本的には５分足〜30分足までが良いでしょう。それ以上の長い足だと利食いや損切りの値幅が少し大きめになってしまい、決済まで数週間かかることになります。

●図5.2　ドル円30分足（2021年6月30日〜7月3日）とRSI

■指標の読み方と売買ポイントの例

　①では、ドル円は横ばいが続いていましたが、5MAが25MAを上抜いた後すぐに75MAも上抜くなど、**ダブルのゴールデンクロス**となりました。50％を挟んでもみ合いが続いていたRSIは70％を超えるなど、上昇トレンドのサインを示したので、①で買いを入れます。

　②では、25MAが75MAを上抜いたので、買い増しもできる場面です（ここは買い増しします）。ただ、ポジションを持ち過ぎたくない人は、ここでは上昇を確認したという程度にしておきましょう。

　③では、もみ合いに入った後RSIが少し前に50％を下回り、5MAと25MAがデッドクロスしたことで2つのうち1つのポジションは売って決済したものの、まだ75MAが上昇トレンドを継続しているため片方のポジションはそのままキープします。

　④では、RSIが60％を超えてきたところで5MAと25MAが**ゴールデンクロス**したので、再度買いを入れます。

　Aで実勢レートが急上昇した時に、RSIが94％まで上昇しました。この時に半分だけポジションを決済します。すべてクローズするか迷うところですが、それは25MAと75MAが上昇トレンドを継続しているためです。

　Bでは、5MAと25MAが急速に接近し、RSIも50％まで下げてきたので売りを出すか迷うところですが、結局は5MAが25MAから再び離れていきRSIも上昇し始めたことで売りは止めます。

　しかし⑤では、**デッドクロス**と同時にRSIが50％を下回り40％を割り込んできたので、片方のポジションをクローズします。

　その後⑥では50％を長く下回り30％を再び割り込んだことや、75MAを5MAが下抜いたことで残りのポジションを決済し、この日の取引を終了します。

　このように短い期間でも、この組み合わせの効果が十分に期待できることがわかります。

移動平均線とMACDを組み合わせる

　MACDはオシレーター系ですが、トレンド系の要素もあります。移動平均線との組み合わせはRSIよりも、時に効果があります。

　そこで今回は一部前項のRSIと同じ通貨ペア・同時期のチャートを使い、売買のタイミングを見ていきます。

事例1　ユーロ円日足と3本のMA＋RSI

　図5.3は122ページと同じくユーロ円の日足チャートです。RSIの時と同じく移動平均線（MA）の計算期間は5、25、75の3本とし、MACDは12と26の比較、シグナルは9に設定しています。

●図5.3　ユーロ円日足（2021年1月14日〜7月2日）にMACDを加える

■指標の読み方と売買ポイントの例

　①では、上昇トレンドが始まろうとする時、5MAと25MAがゴールデンクロスする少し前に、シグナルをMACDが**ゴールデンクロス**していることから、タイミングとしては早い段階で買いの判断ができます。

　①から②までは、MA3本もMACDも双方が上向きで上昇トレンド継続を示すものであり、買いポジションを持ち続けても安心感があります。

　②では、MACDがシグナルを80%付近の高いレベルで**デッドクロス**し、ローソク足も**高値圏でのもみ合い**が続いています。これは絶好の売り場と判断することができます。

　その後③でMACDが急速に下落し始め、5MAと25MAがデッドクロスしていますが、それよりも高値で売れたことになります。

　④では、5MAが25MAを上抜き、その少し後にMACDもシグナルを上抜いています。ただ、両方とも50%を下回ったところでのクロスですから、タイミングは迷うところです。もしここで買いを入れたとしても、結果は前回の高値を超えずに数週間もみ合いに入り、上昇トレンドの始まりのサインが見られませんでした。

　ここでもわかるように、MACDは横ばいには弱くダマシに遭いやすくなるので注意が必要です。

　⑤では、5MAと25MAが接近したところでMACDがシグナルを上抜き、買いサインが出ました。このすぐ後に実勢レートは前回の高値を上抜いて上昇に転じています。

　⑥では、MACDがシグナルを下抜いたことで売りサインが出ましたが、その少し前の⑥′で一度接触しており、この時点でも売りサインと考えても良いです。このレベルでも⑥でも大きな違いはなく、ほぼ高値圏で売ることができています。

　⑦では、5MAが25MAを下抜いたことで売りサインが示され、そのすぐ後にMACDが先にシグナル共々50%を下回っています。デッドクロスは

予想が付くことから、実際にクロスする少し前に売る準備ができた状態でした。

　このように、MACDはRSIよりも売買のタイミングを早めに捉えることができるということですが、それだけ早く動くということはダマシも増えることになります。

事例2　ユーロ円30分足と3本のMA＋MACD

　次はスイングトレードなど短期売買の場合です。図5.4はユーロ円の30分足チャートで、移動平均線の計算期間は5、25、75の3本、MACDは12と26、シグナルは9に設定しています。

●図5.4　ユーロ円30分足（2021年7月1日～5日）にMACDを加える

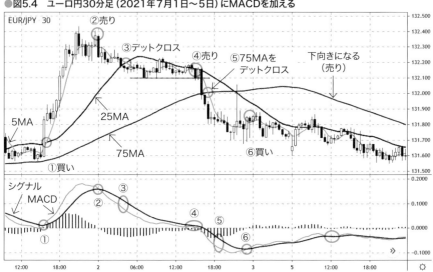

■指標の読み方と売買ポイントの例

　①では、5MAと25MA、MACDとシグナルの**ゴールデンクロス**がほぼ同時に起き、実勢レートが25MAを上抜いたので買いサインとなります。その後ユーロ円は急上昇しMACDがシグナルから大きく上に離れて、②で

はシグナルを**デットクロス**して売りサインが出ています。レートは直近で最高値に近いレベルです。

③では、MACDが急速に下落し始め5MAが25MAを下抜くなど、ここでもMACDが一足先に売りサインを出しています。

④では、MACDとシグナルがゼロのレベルまで下げたことを売りサインととるか、悩むところです。その理由は、②からここまで相場は**もみ合い**状態のため、MACDも横ばいが続いてダマシになるかもしれないという不安があります。ただ、もみ合いの下限（安値）を下抜けしたところで売りサインと判断します。

その後に⑤で75MAを5MAが下抜いていることから、**下降トレンドの始まり**との確認を得ました。

⑥では、MACDが売られ過ぎのレベルである−10％を下回った後にシグナルを上抜いたことから、買いのサインと判断します。

結果的にはその後もみ合いが続き、75MAも下向きに転じたことから売りを出し次のトレンド転換が始まるのを待ちます。

このように、短期でもMACDは移動平均線よりも早めに売買サインを示すことが多く見られ、RSIよりも的確なポイントを示してくれるという利点があります。ただ、RSIのようなレンジ相場に強みを持つ指標は、MACDの弱点をカバーしてくれます。

事例3　さらにRSIも加える

MACDにRSIを組み合わせると、さらにダマシを回避することができます。

次のページの図5.5は、図5.3のユーロ円日足チャートにRSIも追加した例です。RSIは9に設定しています。

この場合トレンドができる時はMACDを中心に見て、レンジ相場が始まった時にはRSIを中心に見るようにします。

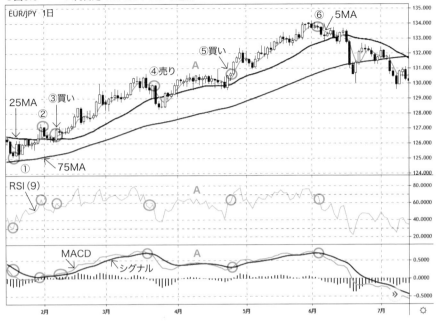

●図5.5　ユーロ円日足でMACDにRSIを追加

■指標の読み方と売買ポイントの例

　①では、RSIが売られ過ぎのサインを出していますが、MACDとシグナルは下落の過程にあります。このような時はRSIを無視しMACDを優先します。

　②では、MACDがシグナルを上抜けしましたが、RSIはやや買われ過ぎのサインを出しています。MACDはクロスしたもののほとんど横ばい状態で信頼性は低く、買いを入れるのは少し待つようにします。

　しかし③では、RSIが前回の安値で下げ止まり上昇に転じ、MACDはシグナルに接した後に上昇。ここでやっと買いを入れていきます。

　④でMACDがデッドクロスし、RSIが横ばいの時はMACDを優先に売りを出します。その後はAのようにMACDもRSIともに横ばいに入り、売り買いがバランスした状態を示しています。この時は実勢レートも横ばいに入りました。

⑤では、MACDがゴールデンクロスしRSIは上昇に転じていることから、買いサインと捉えます。そして、⑥までMACDは上昇を続けRSIは横ばい状態で、買いをそのままキープ。

　⑥では、MACDがデッドクロスとなりRSIももち合いから下落に転じ70％を下回り、買われ過ぎのサインと受け止めます。

　このように方向感がなくなった時にはRSIを見て判断します。結果として、RSIはMACDのあくまで補助的な役割になります。

ボリンジャーバンドとMACDを組み合わせる

　トレンド系のボリンジャーバンドは一般に逆張り指標ですが、それだけトレンドの変わり目を高い確率で示せるということです。また、バンドをブレイクした時は新たなトレンドの始まるサインですが、その時にダマシが生じることが多く、それをカバーするのがオシレーター系の役割です。

　MACDはトレンドも示すもので、シグナルとMACDが同じ方向にある時は２本の線がクロスするまでは「トレンド継続」を示します。

　この特徴を利用してこの２指標を組み合わせると、ダマシをできるだけ回避することができます。

MACDのおさらい

　注目するところは、ボリンジャーバンドの上限／下限で順張りか逆張りかのタイミングと、バンドウォークが始まった時のトレンドフォローのタイミングです。

　MACDとシグナルのクロスは移動平均線と同様、実勢レートの動きよりも遅れるため、その前にポジションを処理することが重要です。

　ここで、MACDのサインの基本的な読み方を再確認しておきましょう。

・MACDがシグナルを下から上に抜ける⇒買い

・MACDがシグナルを上から下に抜ける⇒売り

・MACDとシグナルがゼロラインを上に抜ける⇒上昇トレンド継続

・MACDとシグナルがゼロラインを下に抜ける⇒下降トレンド継続

・相場がレンジに入った⇒**ダマシが多くMACD効果は低下**

事例1　ユーロ円日足でBB+MACD

　図5.6はユーロ円の日足チャートです。数日で上昇トレンドが転換し、再び下落に転じるタイミングを見ていきます。

　ボリンジャーバンド（BB）の中心線は21MA、上限と下限のバンドは±2σの2本。MACDは12と26、シグナルは9です。

●図5.6　ボリンジャーバンドとMACD（ユーロ円/2020年1月20日〜6月19日）

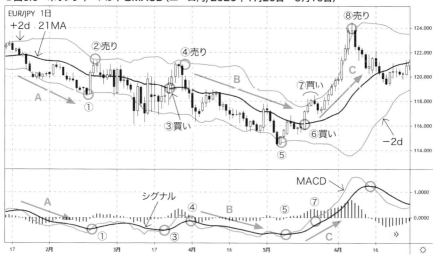

■指標の読み方と売買ポイントの例

　Aの期間では、MACDとシグナルがゼロを下抜けて下降継続のサインを示し、実勢レートもボリンジャーバンドの中心線と下限バンドの間で下降トレンドを継続しています。

　そして①で、レートは下限バンドから中心線を上抜け上限バンド付近まで上昇。この時点で売りポジションがあれば、一旦決済します。

　MACDもシグナルをゴールデンクロスしていることから、上昇トレンドが始まるサインと見られます。

　しかし、この時ボリンジャーの中心線（21MA）はまだ下向きであり、

MACDとシグナルもゼロを下回ったままです。

　このように、**オシレーター系とトレンド系がそれぞれ反対のサインを出した時は、トレンド系を優先する**ようにします。下降トレンドはまだ継続とみて、②では再度売り直します。

　その後は、下限バンドで下げ止まりから反発し、③で中心線を上抜ける時にMACDもシグナルを上抜けて、**買い決済のサイン**と判断。

　④では、高値圏で３日連続で上値が並んだことで天井のサインとみなすことができ、同時にMACDもゼロのレベルに達し実勢レートがバンドを上抜ける可能性もありますが、バンドの中心線は依然下向きでシグナルもマイナスで推移しています。

　もし、これがダマシでその後上限バンドを上抜くようなら、すぐに損切りする覚悟で**売りのサイン**と判断。結局その直後にMACDがシグナルを下抜いており、**売りポジションを増やす**というやり方もあります。

　その後Ｂ期間で、MACDとシグナルがマイナス圏で下降トレンドが継続。そして⑤で、MACDがシグナルを上抜いて上昇に転じ、⑥の中心線を上抜いたところで**買い決済**しました。

　⑦で３日間バンドに沿って上昇し始めたことで、バンドウォークの始まりと判断。MACDがゼロを上抜けシグナルも上向き、Ｃの上昇トレンドの始まりを示したことで新たに**買いのサイン**と判断。

　⑧まで上昇したところで、**天井を示す寄引同時線**が現れました。翌日には上限バンドを離れ下落に転じたことで、**売りのサイン**と判断。このすぐ後にMACDが下落に転じたことで、シグナルを下抜くことはすでにこの時点で予測できます。

　このように、MACDはボリンジャーバンドに比べてやや遅れてサインを出すことが多く、特に手仕舞いの時には少し早めに判断する方が良いでしょう。

事例2　ユーロ円30分足でBB＋MACD

　図5.7はユーロ円の30分足チャートです。ボリンジャーバンドとMACD
で短期売買のタイミングを見ていきます。

　ボリンジャーバンドの中心線は21MA、上限と下限のバンドは±2σの
2本。MACDは12と26、シグナルは9です。

■指標の読み方と売買ポイントの例

　①は、NYから東京市場にかけて横ばいが続き、15時を過ぎたところで
バンド上限まで上昇したところです。MACDはゼロを上抜け、シグナルも
上昇方向に転換してきました。バンドの上限に沿って2時間ほど横に動い
たので、バンドウォークの始まりとみて買いのサインと判断できます。

　②はその後上昇の勢いがさほど見られず、中心線を割り込もうとしてい
ます。その時MACDがシグナルを下抜いたので、売り決済と判断します。

　③は、その後下限バンドの手前で横ばい状態が続いた後に、中心線を上
抜けて上限バンドで止まりました。この時MACDはゼロ付近まで下落した
ので、売りサインと判断します。

●図5.7　ユーロ円30分足とMACD＋BB（2021年6月30日9時〜7月2日21時）

ところがレートはバンドの上限に張り付いたまま、MACDがゼロの手前で上昇しシグナルを上抜いてきたので、売りポジションを決済すると同時に、③で買いに転じました。それがバンドウォークの始まりとなり、MACDとシグナルも同時に上昇トレンドを継続しています。

　④その後実勢レートは上限バンドから放れ始め横ばいに転じたところで、売りを出すタイミングと思われましたが、MACDがシグナルを下抜いたので、売りサインと判断しました。その後も⑤のあたりでもみ合い相場が続く中で、MACDとシグナルは**下降トレンドの継続サイン**を出し続けました。
　⑥はボリンジャーバンドのバンド幅が狭まったところで、実勢レートがバンドの下限を一気に抜けてきました。MACDとシグナルも緩やかな下向きが続いていたことで、売りを出しました。

　このように、ボリンジャーバンドの難しいところは、バンドで跳ね返されるか、バンドウォークの始まりかを見極めることです。
　その時MACDの動きを逐次見ていくことでダマシを減らせますが、ダマされることもあります。その時は速やかにポジションをクローズし、ドテン（途転）してポジションを入れ替える勇気を持つことが勝負の分かれ目になります。

移動平均線とストキャスティクスを組み合わせる

ストキャスティクスもRSIに似ていますが、売買のタイミングはやや異なります。

ストキャスティクスとRSIの違い

RSIは70%以上で買われ過ぎ、30%以下で売られ過ぎのタイミングと判断しますが、ストキャスティクスは80%以上、20%以下と比較的遅れます。特に%DとSlow%Dのスローストキャスティクスを使う場合には遅れが見られますが、その分ダマシは少なくなります（図5.8）。

ストキャスティクスは簡単に80%以上や20%以下になるため、その時点で売買判断をするのではなく、その後に天井や底を確認して折り返してくる時が売買のタイミングということが多く見られます。

移動平均線（MA）にストキャスティクスを加えて、売買タイミングを見ていきましょう。

●図5.8　%K、%D、Slow%Dの動きの違い（ポンド円30分足）

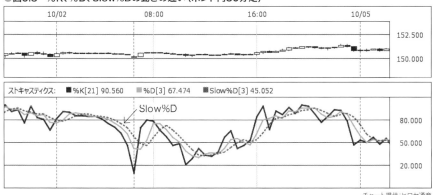

チャート提供：ヒロセ通商

137

事例1　ドル円日足とMA3本＋ストキャスティクス

　図5.9はドル円の日足チャートです。テクニカル指標はMAが５、25、75の３本、ストキャスティクスは％Ｋが21、％Ｄが３としました。

■指標の読み方と売買のポイントの例

　①は、％Ｋが20％に近づき％Ｄを上抜いて買いサインが出た後に、5MAが25MAを上抜いています。

　MA2本のゴールデンクロスは、ストキャスティクスの２本がゴールデンクロスする時にはすでに予想できるだけに、①で決断しやすくなります。

　②も同様に、％Ｋが90％近くまで上昇した後に80％を下回り、同時に％Ｄを下抜いて売りサインが出ましたが、その少し後に5MAが25MAを下抜いています。

　③は％Ｋが20％を下回った後に反発し、％Ｄを上抜いて買いサイン。この時も少し後に5MAが25MAを上抜きました。

　④は、％Ｋと％Ｄが100％近くまで上昇しもみ合いが続いていることから、上昇トレンドが継続していると判断されます。

●図5.9 ドル円日足とストキャスティクス（2019年11月13日〜2020年4月14日）

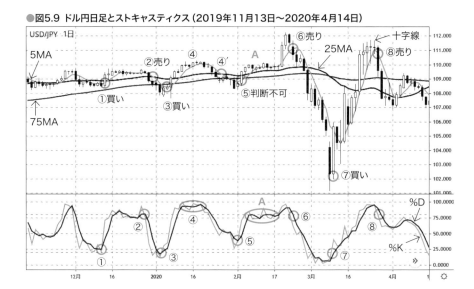

138

一方、5MAが天井を付けて下降気味になり、その後は25MAを下抜くことが予想されます。結局売りのタイミングはやや遅れた④′になりました。

　⑤は、％Kが％Dを上抜いていますが、40％付近で買いサインとするには不安があります。また、MAも横ばいでこの時点では売買の判断ができません。

　その後A期間は、ストキャス2本が80％付近でもみ合い、レートも同様にもみ合いが続いています。その後レートが一気に上昇した時に％Kが下落に転じて％Dを下抜けすると、後を追って％Dも下落に転じました。これは下落のサインとしてかなり信頼性が高く、％Dが80％を下回った⑥で売りサインと判断しました。実際レートも天井を打った後に一気に下落に転じています。

　その後5MAが25MAを下抜き、続いて75MAも下抜いてドル円は急落しました。

　K％はその後20％～0％の間でもみ合いが続き、％Dを上抜いたところでレートもその直後に長い下ヒゲを伸ばして下げ止まりを見せました。そしてK％が20％を超えて上昇に転じたところが買いサインになります。その時5MAは下向きの25MAから大きく乖離するなど、これもグランビルの法則から見ると、⑦が買いサインと判断します。

　そして5MAはその後25MAと75MAを上抜け、ローソク足が下ヒゲを伸ばしたカラカサ陽線が続いた後に、天井のサインとなる寄引同時線（十字線）が現れています。

　さらに⑧は、K％は100％手前でもみ合いが続いた後に80％を下回ったところで、売りサインと判断します。

　ローソク足が下落に転じた時に5MAが25MAから大きく乖離しているものの、この時点でMAだけでは売りのタイミングと見るのは難しく、それだけにストキャスティクスとかローソク足などを同時に見ることで、売りの決断をすることができます。

事例2　MA3本＋ストキャスティクスでデイトレード

　図5.10はドル円の30分足チャートです。デイトレードの売買タイミングを見つけていきます。

　テクニカル指標はMAが5、25、75の3本、ストキャスティクスは、％Kが21、％Dが3を使います。

■指標の読み方と売買のポイントの例

　①は全体に下降トレンドが続く中で、K％がゼロ近くまで下落した後に上昇に転じ％Dを上抜いています。この後5MAが下降から上昇に転じていることから買いサインと判断します。そして5MAが25、75のMA2本を上抜けたところで、実勢レートも急速に上昇しています。

　②はK％が90％を超えてから反落し、％Dを下抜いたので売りサインと判断。この時の25と75のMAは依然として下降トレンドが続いているので、買いポジションの時はできるだけ早めに解消するようにします。

　③は、K％が0付近まで下がってから％Dを上抜き、さらに20％ラインを超えたところで買いサインですが、その後はもみ合いでした。

●図5.10　ドル円30分足とストキャスティクス（6月28日8時〜7月1日5時30分）

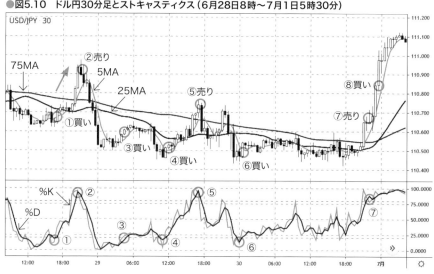

④は、K％が20％を下回ってから再度20％を超えて％Ｄも上抜き、5MAも上昇に転じたことで買いサインです。この時もまだ25MAと75MAは下降トレンド継続中で早めに売りを出すことを頭に入れつつ、⑤で％Ｋが100％を付けた後の90％付近で％Ｄを下抜いて、売りと判断。5MAも75MAで上値が抑えられて反落したことも、売りの判断は正しいと考えられます。

⑥は、％Ｋが10％近くまで低下し20％ラインで％Ｄを上抜き、買いサインと判断します。

⑦は％Ｋが100％まで上昇後、80％ラインで％Ｄを下抜き、売りサインと判断します。

しかし、5MAが25と75のMAを上抜き、25、75MAも上向きになりつつあることから、ここで下降トレンド終了と判断します。ひとまず⑧で損失覚悟で買い戻し、クローズします。

その時の％Ｋと％Ｄは90％～100％の間で高止まり状態となり、これは上昇トレンド継続のサインになります。この時は損切り後にすぐに買いを入れるようにします。

ストキャスティクスと移動平均線は相性が良く、短期的なトレンドの変わり目では早めに売買のサインを示してくれることが多いです。ダマシも比較的少ないのでデイトレにも効果的です。

ボリンジャーバンドとストキャスティクスに フィボナッチを組み合わせる

テクニカル分析の中でどこまで上昇、下落するのかという具体的な値幅予測を教えてくれるのが**フィボナッチ・リトレースメント**です。

テクニカル指標とフィボナッチを組み合わせる効果

ただ、フィボナッチは、トレンドの転換点で初めて使われるもので、トレンドの転換点を比較的早く示すストキャスティクスを組み合わせることで、その予測効果の信頼性はより高まります。さらに、天井や底値を示すボリンジャーバンドも組み合わせることで、フィボナッチの示す値幅を検証し、利食いや損切りのポイントを確認できるのです。

事例1　BB＋ストキャスにフィボナッチを加える

図5.11はドル円の日足チャートです。ボリンジャーバンドとストキャスティクスを使って天井を付けたと仮定し、どこまで下げるのかをフィボナッチ・リトレースメントを使って予測するものです。

テクニカル指標のパラメータは、ボリンジャーバンドの中心線が21MA、上限／下限のバンドは±2σの２本です。ストキャスティクスは％Ｋが21、％Ｄは３にしています。

■指標の読み方と売買ポイントの例

Ａでは、％Ｋがゼロに近づいた後に％Ｄを上回るなど、そろそろ反転するサインを示しています。そして実勢レートのドル円も、ボリンジャーバンドの下限に達したところでローソク足が底値を示す**下ヒゲの長い寄引同時線（十字線）**が現れ、買いサインと判断します。

●図5.11 ドル円日足とフィボナッチ（2021年4月9日〜8月25日）

　その後は①から⑤まで、バンドの上限と中心線の狭間で上下を繰り返しながら上昇トレンドが継続。①から⑤までのストキャスティクスとボリンジャーバンドを併せて見ると、100％付近で上限バンドとぶつかり50％付近で中心線で反発しながら、上昇が続いています。その間も上限で売り、中心線で買戻しを入れながらトレードを繰り返します。

■フィボナッチ・リトレースメントで下落幅を予測

　そしてBでも％Kが100％を付けたところで売りましたが、その後バンドの中心線を下回ったことで天井を打った可能性が高いことから、次の図5.12のようにどこまで下げるのかをフィボナッチを使って予測します。

　38.2％戻しのCでは止まらずにDで下げ止まりました。このレベルはボリンジャーバンドの下限でもあり、同時に％Kが20％を割って下げ止まり、その後反転して20％を超えたところで底値と判断し買いを入れます。

　このようにボリンジャーバンドの上下のバンドとストキャスティクスを比べながら売買を繰り返し、トレンドの転換が示されたところで、どこまで下げるか上がるかの判断をフィボナッチを使って予測するようにします。

●**図5.12　2つの指標にさらにフィボナッチを追加して値幅を予測**

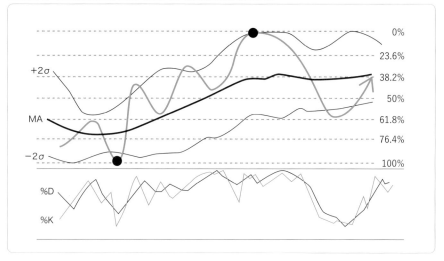

　もちろん、①から⑤の取引でもフィボナッチを使いながら1つひとつどこまで下がるかを予測しながら、買戻しを入れるようにします。

事例2　短期でBB＋ストキャス＋フィボナッチ

　図5.13はユーロ円の1時間足チャートです。ボリンジャーバンドとストキャスティクス、そしてフィボナッチ・リトレースメントを使って、短期トレードでバンドの上限で売った後の下落幅を予測し、買戻しのレベルを探ります。

　テクニカル指標のパラメータは、ボリンジャーバンドの中心線が21MA、上限／下限のバンドは±2σの2本です。ストキャスティクスは％Kが9、％Dが3にしています。

　今回のストキャスティクスは％Kのパラメータを9で設定してみました。ここ数日の動きを色々と当てはめてみて、9の周期が最も売買のタイミングに合っていました。

●図5.13　ユーロ円1時間足（2021年7月27日1時〜7月31日0時）

■指標の読み方と売買ポイントの例

　ユーロ円相場はこう着状態で、方向性が見えない状況でボリンジャーバンドの上下バンドを中心に短期売買を繰り返しています。

　Aで底を打ちBまで上昇が続きましたが、上限バンドを離れ始めローソク足で**上ヒゲの長い寄引同時線（十字線）**が現れました。%Kは100%を付けた後に%Dと一緒に下げ始めています。この時点で天井を付けた可能性が高いとみて売りを出しましたが、下落幅をフィボナッチで予測しあらかじめ買戻しのレベルを想定しておきます。

■フィボナッチ・リトレースメントで下落幅を予測

　38.2%戻しの①のレベルはバンドの中心線も位置していることから、最も有力な買戻しのレベルになります。しかし、ストキャスティクスはまだ下げが続いていることから、少し様子をみるのが良いでしょう。

　その後50%戻しの②まで下げたところで、ストキャスも下げ止まりから上昇し始めたCで買戻しを入れます。

　このように、フィボナッチを加えることで、ボリンジャーバンドとストキャスティクスの組み合わせの信頼性をさらに高めることができます。

ボリンジャーバンドとMACDに平均足を組み合わせる

3つの指標の長所短所を知った上で使う

ボリンジャーバンドと平均足の組み合わせだけでみると、ボリンジャーバンドの上限や下限から反発する時に、平均足の流れの変わり目が重なった時が売買のタイミングと判断できます。ただし平均足はあくまで確認のためのもので、**ボリンジャーバンドが主役**になります。

ボリンジャーバンドは天井と底の値幅が利益幅になりますが、バンドを超えていくのかバンドに沿って歩き始める（バンドウォーク）のかを判断するのが難しく、その時はMACDに依存することになります。

MACDはオシレーター系ですが同時にトレンドも示すもので、これだけでも売買タイミングを捉えることができます。ただ、転換点を示すシグナルとのクロスのタイミングが少し遅れるという弱点もあります。

平均足もMACDと同様にトレンドを示すと同時に、**コマ足がトレンド転換を示す**性質をもっています（81ページ）。ただ、平均足はトレンドの流れが視覚的に見やすいもののローソク足と違い大雑把なところがあり、大まかなトレンドを見る上で役に立ちます。

また、コマ足が現れたところがトレンドの転換点となりますが、もみ合いが続くとダマシもよく見られます。

事例1　ユーロ円日足とBB+MACD+平均足

図5.14はユーロ円の日足チャートです。ボリンジャーバンドは中心の移動平均線（MA）が21、上限／下限のバンドが±2σの2本です。

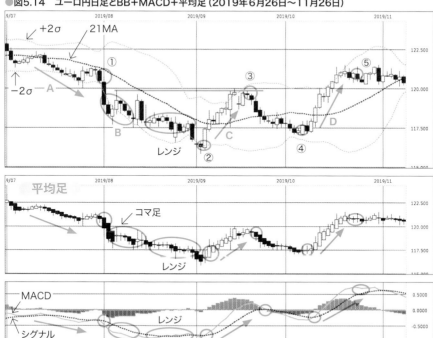

●図5.14　ユーロ円日足とBB＋MACD＋平均足（2019年6月26日〜11月26日）

チャート提供：ヒロセ通商

　MACDは12と26で、シグナルは9です。さらに平均足を組み合わせて
います。

■ **指標の読み方と売買ポイントの例**

　Aでは、下限バンドに沿ったバンドウォークで下降トレンドが続いた後
に、バンドを割り込んで一段の下落の始まりとみて、売りか判断しかねた
時に、平均足の陰線の実体幅が拡大し、同時にMACDがシグナルから下に
放れてきました。

　3つとも下方向を示したことで、①は売りサインと判断します。

　Bの期間では再びバンドウォークが始まり、MACDはまだ下降トレンド
継続を示しているものの、平均足はコマ足が出現したことでトレンド終了
を示唆。ここは売りポジションを増やすことはせず、一旦ポジションを清

算した後は休むか短期取引に切り替えます。

②では、バンドの下限に届いたところでローソク足が**下ヒゲを伸ばしたトンカチ**が現れたことで、底を打った可能性があります。

平均足も陰線から陽線に変わり、MACDはシグナルとクロスしました。

この時点ではまだ明確なトレンド転換と判断するのではなく、次の日の動きを待ってエントリーします。

平均足は**上ヒゲを伸ばした陽線**が続いたことで上昇を示し、MACDがシグナルを上抜いたこの時点で買いサインと判断します。

その後はCで平均足の陽線が続いて、MACDとシグナルも上昇トレンドを継続。

③では、Bの高値付近で上値が抑えられた後に平均足も高値で5日以上横ばいとなり、陰線が出現しました。MACDはプラス圏に上昇していますが、シグナルがまだマイナス圏で推移。上昇トレンド継続のサインが消えていませんでした。

結果的に、平均足の陰線が2日続いて現れ、同時にMACDが下降に入ったところで売りを出す判断をします。

④は、ボリンジャーバンドの下限バンドの手前で**下げ止まりからもみ合い**に入りました。平均足はコマ足が3日続き、少し遅れてMACDがシグナルを上抜いて買いサインと判断。

レートはDで上昇が始まり、中心線を上抜けてバンドの上限に達しましたが、平均足はまだ上昇継続。MACDとシグナルも上昇の勢いが衰えなかったことで、ここは買いポジションを継続とします。

⑤では実勢レートがバンドの上限から離れ横ばいに移り、平均足はコマ足が連続で出現。MACDがシグナルを下抜くと予想され、売りを出すサインと判断します。

事例2　ユーロ円2時間足とBB+MACD+平均足

　図5.15はユーロ円の2時間足チャートです。ボリンジャーバンドは中心の移動平均線（MA）が21、上限／下限のバンドが±2σの2本です。MACDは12と26、シグナルは9です。

　これに平均足を組み合わせて、2週間程度のスイングトレードで売買のタイミングを見ていきます。

●図5.15　ユーロ円2時間足とBB+MACD+平均足（2021年7月8日〜21日）

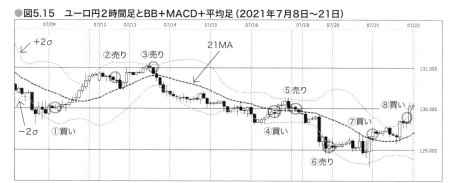

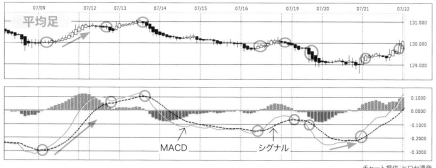

チャート提供：ヒロセ通商

■指標の読み方と売買ポイントの例

　①は、しばらく下降トレンドが続いて、ボリンジャーバンドの下限から上に離れ始めました。平均足では陰線のコマ足から陽線のコマ足に変化し、MACDがシグナルを上抜いたので買いサインと判断されます。

　②では、バンドの上限まで上昇したところで平均足のコマ足が出始めて

MACDが横ばいに移ったため、売りサインと判断します。この時中心線である移動平均線が上昇に転じたことから、下げても小幅にとどまるとみて、そのすぐ後に買いを入れるか迷うところです。

　しかし③で、バンドの上限に到達したところで平均足が陰線に転じ、MACDがシグナルを下抜く方向に動き始めたことで、売りを出す判断になります。

　その後は中心線（MA）、MACDとシグナルも下降トレンドが続いたので、そのまま売りポジションをキープします。

　④でやっと下限バンドから上昇に転じ、MACDがシグナルを上抜き、平均足も陽線に転じたので、下降トレンド終了に近い気配です。しかし、中心線はまだ下降トレンドを継続しており、買いだとしても短期ポジションとして買いを入れます。

　⑤はそのすぐ前に上限バンドで上値が抑えられ、平均足も陰線に変わりMACDがシグナルを下抜いたので、決済の売りを出します。

　⑥ではバンドの下限で下げ止まり、平均足は下ヒゲを伸ばした陰線が続きMACDとシグナルも下降トレンドに入ったので、下限のバンドウォークが始まったとみて売りサインです。しかし、その後実勢レートは下限バンドから放れ、横ばいに転じています。

　そして⑦で、平均足はコマ足が続いた後に上昇のサインが現れ、MACDもシグナルを上抜いたことで、損切りの買戻しを入れます。この時ドテン（買い持ちに転じる）するか迷うところですが、一旦は様子を見ます。

　結局⑧でバンドウォークが始まったところで、買いを入れます。

　この取引を見てもわかるように、大きなトレンドに逆らう時のポジションは短期で持つようにし、トレンドが変わったと判断した時には買い増しを入れる気持ちで積極的に取引をします。

　また、MACDや平均足は損切りのサインにもなります。もし判断が間違った場合にはすぐに損切りを入れ、ポジションを入れ替えるフレキシビリティーも必要です。

ボリンジャーバンドと
フィボナッチを組み合わせる

　5章の最終節は、オシレーター系を使わずに、売買レベルを具体的に示すボリンジャーバンドとフィボナッチ・リトレースメントの2つのトレンド系を組み合わせます。

戻しや押しのレベル感の予測をさらに補強する

　どこでトレンド転換があるかを見つけるには、シンプルに感じた方が良い時もあります。

　ボリンジャーバンドは、バンドの上限（MA＋2σ）、中心線（MA）、そして下限（MA－2σ）の3本（または±1σを加えて5本）のバンドがそれぞれサポートやレジスタンスになり、そこで**逆張り**、もしくは**順張り**でポジションを持ちます。

　その時にどこまで下がるのか、上がるのかをフィボナッチ・リトレースメントで予測して、利食いや損切りの判断をします。

事例1　BB＋フィボナッチ・リトレースメント

　次ページの図5.16はドル円の日足チャートにボリンジャーバンドを重ね、戻しのレベルをフィボナッチで計測したものです。MAは21日、上下のバンドは±2σの2本です。

　Aの地点のボリンジャーバンドの上限（＋2σ）で、実勢レートの上昇が抑えられたことで、売りを出すタイミングになります。この時の利食いレベルはボリンジャーバンドの中心線A1、あるいは勢いがあればバンドの下限A2で買戻しを入れるのを念頭に売りを出します。

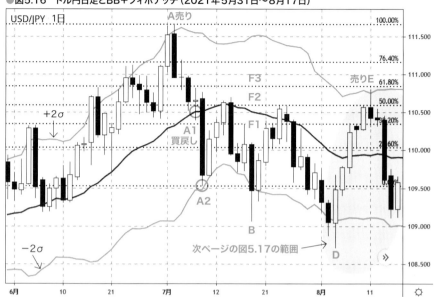

●図5.16　ドル円日足とBB＋フィボナッチ（2021年5月31日〜8月17日）

案の定、A1で下げ止まったので買戻しを入れた後に一旦上昇する気配があったものの、再び下落に転じました。この時再度売りを出すこともできますが、下げの速度が速くて間に合いませんでした。その後A2で下げ止まり上昇に転じています。この時ボリンジャーバンドの下限にほんの少し届かずに反発しています。

テクニカル分析すべてに言えますが、狙ったポイントで常にぴたりと止まるということはありません。ポイントから行き過ぎるか、その手前で折り返すことが多く、その前後でポジションをクローズするか、新規ポジションを持つようにします。

フィボナッチで戻しのレベルを予測

A2で買いを入れた後は、どこまで上昇するかを高値Aとのフィボナッチ比率で戻しのレベルを計測することにします。

フィボナッチ・リトレースメントからは38.2%戻しのF1、50%戻しの

F2、61.8％戻しのF3が上値目途の候補になります。もう１つはボリンジャーバンドの中心線（MA）と上限バンドの２つのレベルです。

　この中で50％戻しであるF2が、ほぼボリンジャーバンドの中心線と同レベルであることから、最も強いレジスタンスとしての候補になります。もちろんこの時点ではどこまで上昇するかわかりません。もしかしたらF1で折り返してくる可能性もあります。

　結果として、ボリンジャーバンドの中心線でありフィボナッチ50％戻しのF2で上昇は終了し、再びＢ点へ下落しました。

　Ｂでは瞬間的に下限バンドを下回ったもののすぐにバンドの下限まで押し戻されて、その数日後にはバンドの中心線のすぐ上のF2まで上昇。そして再度バンドの下限のＤまで下落するなど、ボリンジャーバンド内のレンジ相場が続いています。

　その後はＤから再び上昇し、バンドの中心線では止まらずに上限となるＥまで上昇しています。この時ローソク足は、**長い上ヒゲを伸ばした寄引同時線**が現れており、天井のサインが示されました。

　ここからの下げを２時間足チャートでフィボナッチで計算して、下げ止まるレベルを予測したものが、次ページの図5.17になります。

事例２　２時間足でBB＋フィボナッチ

　Ｄの安値とＥの高値をフィボナッチで計算すると、38.2％押しの**E1**、50％押しの**E2**、61.8％押しの**E3**、そして76.4％押しの**E4**が、下げ止まるポイント候補になります。

　図5.17はドル円の２時間足チャートですが、Ｅでバンドの上限から下に放れて下限で下げ止まり横ばいが続いた後に、バンドの下限で**バンドウォーク**が始まりました。ここからどこまで下がるかを予測します。それには**過去のレベル**でもチェックを入れておきます。

　ＤからＥまでの上昇過程でE2とほぼ同レベルの**X1**は、このレベルで再

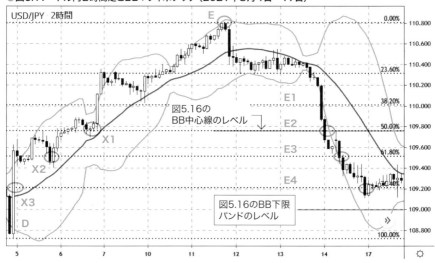

●図5.17　ドル円2時間足とBB＋フィボナッチ（2021年8月4日〜17日）

度上昇が始まったレベルになります。E3と同レベルの**X2**は、Dから急上
昇した後の戻り安値レベルにあたります。

　そしてE4とほぼ同レベルの**X3**は、Dまで下げる直前の高値レベルにな
ります。

　このようにフィボナッチでは、過去のもみ合いや高値、安値なども参考
にしながら次のテクニカルポイントを探るようにします。

　今回の下げは、日足のボリンジャーバンドの下限の少し手前のE4で下げ
止まり、上昇に転じました。もし、フィボナッチで予測していなかった時
にボリンジャーバンドの下限にたどり着くまで待っていたら、買いそびれ
てしまうということもあったかもしれません。

　いずれにしても、利食いは欲張らずに入れることが重要です。反対にポ
ジションを作る時は、少し天井や底値を確認した後は思い切って入ること
がチャンスにつながります。

第**6**章

知っておきたい
その他の大切なこと

基本は順張りで入り
逆張りは状況を考える

相場の基本は逆張りではなく順張り

順張りとは、相場の流れ（トレンド）に沿ってポジションを仕込みに行く方法です。逆張りはその反対に、相場の流れに逆らってポジションを持つ方法です。

逆張りは絶対ダメというわけではありませんが、リスクとリターンを考えるとリスクの方が大きく、長く取引を続けていると損失が増えることになりがちです。逆張りをする時というのは、これまで続いた流れがそろそろ止まるだろう、トレンドが転換するだろうといった勘を頼りに相場に入ろうというものです。それは天井で売りたいとか、大底で買いたいといった欲からくるものです。

しかし、それは熟練した人など一部のプロフェッショナルやチャート分析をマスターした人がやるもので、一般的には順張りが基本になります。

順張りとは、天井や底を付けたことを確認してから進んだ方向にポジションを持つというやり方です（図6.1）。

損切りがなかなかできない人が多い

逆張りが絶対悪いというのではありませんが、逆張りから入ってもトレンドが転換しなかった場合には、すぐに損切りしなければ大きな損失になりかねません。損切りを確実に入れるなら問題ありませんが、人の心理としては負けたくない、損を出したくないという気持ちが強いので、どうしてもすぐに損切りができないという人が多く見られます。損切りが遅れた結果、さらにポジションを積み増そうとする心理が働きます。

●図6.1 順張りと逆張り

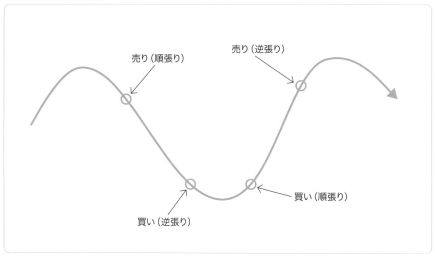

そして、いわゆる**難平（ナンピン）**をした結果、損失が拡大することがよくあります。

■**苦し紛れのナンピンは禁物**

しかし実際に逆張りで大きなポジションを持つと、どこまで損失が拡大するかわからないという恐怖心に駆られながら、最後には最悪のレベルで損切りをさせられるというのがよくある状況です。

我慢も大切ですが、そこまでリスクを負う取引を繰り返すと最終的に相場から退場ということになりかねません。

もし逆張りで入る時には、逆指値などで損切り注文を同時に入れておくことです。それは順張りの時も同様です。

「落ちるナイフはつかむな」という相場の格言がありますが、まさに逆張りで手を切ってしまわないようにしましょう。

事例1　逆張りを損切りした後の順張り

図6.2は逆張りの典型的な損切りと、その後の順張りを示したものです。この時は中国の株式市場が急落した時で、リスクオフの円買いが進んだ

●図6.2　ドル円1時間足（2021年7月7日22時〜7月13日22時）

場面です。株価の下落はすぐに収まるとの見方が広がる中で、ドル円が下落した①で、買いを入れました。このレベルは直近の安値でもあり下げ止まると思われましたが、売りは止まらずに②まで下げると一旦下げ止まったので、買い増ししました。しかし、ここでも下げ止まらずに仕方なく③でも買いを入れましたが、さらに下落し、結局④で全ポジションを泣く泣く損切りしてクローズした後で、反発してしまいました。

　とても悔しい場面です。しかし、このまま終わらず転換後に新たに買いを入れる（**ドテン買い**）ことができれば、これまでの損失を取り戻し、それ以上に利益を得る可能性もあります。

■底打ちを確認してから順張りの買い

　それが⑤の順張りの買いです。

　底打ちを確認した後に買いを入れるという順張りの方法です。もちろん①で買った後に反発していれば利益を得たかもしれませんが、下げ止まらなければすぐに損切りしないとリスクも高くなるということです。

　それに対し、順張りではポジションを持つタイミングが遅くなることもありますが、着実に利益を積み重ねることができます。

レンジ相場で損切りまでの
値幅はどうやって決める？

　逆張りでも順張りでも、行くと思った方向とは反対に行くことはよくあります。そして、反対に行った後でまた元の流れに戻るということもよくあります。

　主にレンジ（ボックス）相場などで、チャート分析により売りや買いのレベルを想定したとしても、ぴったりそのレベルで折り返すことは稀です。そのテクニカルポイントに対してどの程度の**値幅**、つまり**ノリシロ**を考えておけば良いのかが、相場で勝つための大きなカギともなります。

損切りまでのノリシロの値幅はどれくらいが良い？

　成り行きで売買注文を出したとしても同じことです。あまり我慢し過ぎるような広い幅では損失が大きくなりかねませんし、反対にあまりに怖がって狭い幅だと、**損切り貧乏**になってしまいます。簡単に見えるようで、実は非常に難しいのがノリシロです。

●図6.3　レンジ（ボックス）の場合の損切りまでの値幅（ノリシロ）の目安

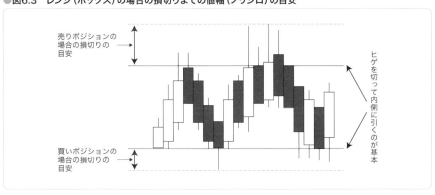

損切り幅に影響する4つのポイント

　それではどれくらいのノリシロで損切りを入れたら良いのか、それぞれの場合において検証してみましょう。

　ノリシロの幅に影響するものと言えば、**①通貨ペア**、**②取引期間**、**③ポジションのサイズ**、そして**④相場の状態**で、それぞれの幅が異なります。

■通貨ペアによる違い

　通貨ペアによっては、流動性の高いものと低いものとがあります。

　例えばドル円やユーロドル、ポンドドルなどのドル絡みの通貨ペアは流動性が高いことから、何か特別なニュースや材料などが出てもそれほど大きく上下に振らされません。日中の値動きが安定していることもあり、テクニカルポイントも比較的大きなずれはないことから、ノリシロは相対的に狭いものになります。

　一方、ポンド円や豪ドル円といったクロス円は比較的値幅が大きくなるため、ノリシロも少し広めに設定します。

　マイナーな通貨ペアである南アフリカランドやトルコリラ、メキシコペソなどは、さらに広く取る必要があります。特に対円では広く取った方が良いでしょう。

■取引期間による違い

　ポジションを短期で持つようなら狭く、長くなればなるほど広く持つようにします。

　超短期であれば、ちょっと反対に動いたらすぐに損切りをして再度入れ直すことができます。しかし、数日持つようなら瞬間的に上下に値動きがあっても、簡単に届かない程度のレベルに設定します。

■ポジションの大きさによる違い

　ポジションが大きいほど、それだけリスクが高まることになり、ノリシロは小さくします。反対に小さいポジションであればリスクは低くなるため、ノリシロを広く取ることができます。

■相場の状態による違い

　重要な指標発表やイベントが近づくなどボラティリティーの高い時などは、ノリシロを大きく取るとそれだけ損失が大きくなりかねません。そんな時はポジションは持たないのが一番ですが、あえて持つのであればノリシロの幅は狭くしておきます。

　反対に特に重要な材料がなくボックス相場のような状態であれば、少しノリシロを広げておいても安全です。

　クリスマスやイースター休暇を挟んだ時なども流動性が低下することからちょっとした材料で大きく動いてしまうため、このような時もポジションを持たないようにするか、あるいはノリシロを狭くしておきます。

事例1　過去の値動きでノリシロを決める（ドル円）

　損切り幅の目安として、**過去の値動き**を参考にするようにします。

　次ページの図6.4は、2021年6月下旬〜9月上旬のドル円日足チャートですが、上限AからA1にかけて15銭内のノリシロでは損切りが1件でした。そこから15銭上のA2（30銭のノリシロ）では、損切りはゼロになります。

　下限ではBから15銭下のB1までのノリシロでは損切りが2件で、そこからさらに15銭下のB2（30銭のノリシロ）では、損切りは1件でした。

　ここから見ると、ノリシロは上限下限ともに30銭のノリシロを置けば、ほぼ損切りがつかずにポジションを仕込めることができます。

　さらに、その日足の一部であるドル円の4時間足チャート（次ページの図6.5）で見ると、上限のRからR1までの15銭のノリシロ内であれば、2件の損切りで収まりました。下限のSからS1の15銭のノリシロ内であれば、損切りは1件になります。

　このように、日足のような長い足でのノリシロは少し広めに取り、短い足の時のノリシロは狭めに取るようにします。

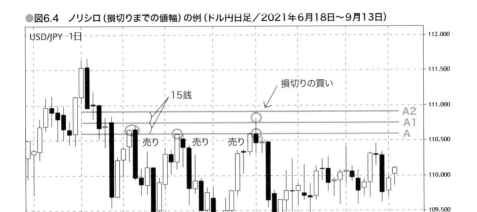

●図6.4　ノリシロ（損切りまでの値幅）の例（ドル円日足／2021年6月18日〜9月13日）

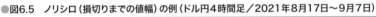

●図6.5　ノリシロ（損切りまでの値幅）の例（ドル円4時間足／2021年8月17日〜9月7日）

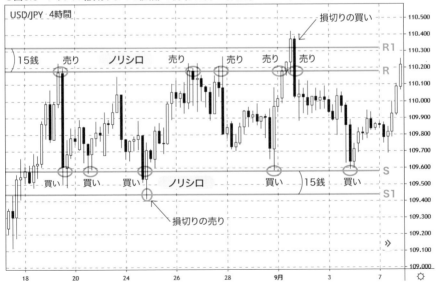

　図6.6は、2021年9月上旬のポンド円1時間足チャートですが、ある日のレンジ相場を見ると、上限からはみ出したノリシロは最大で18銭以内に収まっています。

　この例では、下限からはみ出したノリシロは最大12銭ということから、ポンド円の時間足で見たノリシロは今後20銭で損切りのレベルを設定し、その手前でポジションを持つようにします。

●図6.6　ノリシロ（損切りまでの値幅）の例（ポンド円1時間足）

上昇トレンドや下降トレンドのチャネルも同様に

　なお、適切な損切り幅を決めるのは、レンジ（ボックス）相場だけではありません。上昇トレンドや下降トレンドでもチャネルになっている場合は、同じように**チャネルライン**に沿って損切りのノリシロを設けます。

第6章　知っておきたいその他の大切なこと

163

IFDOCO注文を
上手に活用しよう

　ノリシロの幅をマスターしたところで、今度はIFDOCO注文を使って取引を行う例を見てみましょう。

IFDOCO注文を有効活用する

　会社員など日中は仕事が忙しくて相場をずっと見ていられないといった方は、この注文を使うと便利です。

　IFDOCO（イフダン・オーシーオー）注文とは、新規に売りたい、あるいは買いたいと思ったレベルで注文を出し、その注文が実行されたら損切りと利食いの注文を同時に出しておくというものです。

　この取引は逆張りであり、**損切りを置くレベルが特に重要**になります。ノリシロの幅がここで役に立ちます。そして利食いのレベルも重要で、常に損切りよりも大きな利益を得られるようなレベルに置くようにします。

　例えば、朝起きてから仕事に入る前に前日の海外の動きをチェック。チャート分析を使って、売りないしは買いの注文をどこに置くか目安を付けます。その時に最も重要なことは、損切りの注文をどの辺に置くかということです。

　ノリシロで説明したように通貨ペアや期間、そしてその時の相場の状況などを考えながら、損切りと利食いを入れます。

　例えば、損切りのレベルが30ポイントとすれば、利食いはその２〜３倍の60〜90ポイントという目安で置くようにします。あまり利食いのレベルが遠いと、結局損切りばかりが付いてしまいますので、現実的な決済のできるレベルに置くようにします。この取引を何度も繰り返すことで、利益幅は損失額を上回るようになります。

IFDOCO注文の出し方

図6.7には、ボリンジャーバンド（MA21、上下のバンドは±2σの２本）と、スローストキャスティクス（％ＤとSlow％Ｄ）を表示しています。パラメータは％Ｋが９、％ＤとSlow％Ｄが３です。フィボナッチ・リトレースメントも表示しました。

①で、７月20日の７時にドル円の**IFDOCO注文**を出します。

Ｈから下落が始まり、ＬでＤ％が20％から反発し、Slow％Ｄを上に抜けた次の日です。ＨとＬの**フィボナッチ比率**を計算すると、50％戻しが110.35円。このレベルのすぐ上にはボリンジャーバンドの中心線（MA）が位置していることから、このレベルで天井を打つと考えました。

売り注文がより確実に成立するように、少し手前の②110.30円で売りを出すことにしました。

●図6.7　IFDOCO注文の例（ドル円日足／21年4月29日〜7月20日）

165

損切り注文は、フィボナッチ61.8％戻しの110.65円の少し上の③110.70円に決めました。このレベルは２日前の戻り高値であり、このレベルを上に抜けると下降トレンドが終了し、再びHまで戻すと考えました。

　そして、利食いのレベルは前日に付けた安値109.07円付近と考え、確実に買えそうなレベルとしてその手前の④109.20円に買戻しの注文を置きました。

　損切りと利食いの注文のどちらかが先に付いたら、もう１つの注文がキャンセルされる**OCO注文**です。

IFD注文
① ７月20日に注文を出す
② 「ドル円の売り」でレートは110.30円
OCO注文
③ 損切りの買い注文は、売ったレベルから40銭上の110.70円
④ 利食いの買い注文は、売ったレベルの１円10銭下の109.20円

　結果は図6.8のドル円２時間足チャートを見ていただけたらわかる通り、②の110.30円で売った後に110.60円まで上昇しましたが、辛うじて③の110.70円の損切りには届かずに下落に転じました。そして④の109.20円で買戻しが付いた後に109.72円まで上げました。

　結果的に40銭の損切りが付かずに回避され、1.1円の利益を出すことができました。

　これは１つの例であり、時には損切りが先に付いてしまうことも度々あります。この取引を何度か繰り返すと、どの程度のレベルに損切りと利食いを入れたら良いのか見当が付くようになります。

　もし損切りを遠くに置きたい時には、ポジションのサイズを少し小さめにしておくと良いでしょう。

●図6.8　IFDOCO注文の成立例（ドル円2時間足/2021年7月19日〜8月3日）

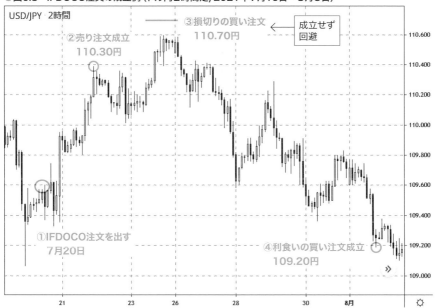

雇用統計発表は事前に予想をチェックして備える

　FXで注目度の高い経済指標と言えば、ほとんどが米国の経済指標になります。中でも米国経済の先行きを表しFOMCの金融政策の決定をも左右すると言われる雇用統計は、最重要と位置づけられています。

毎月発表される米国雇用統計

　雇用統計は米国労働省により、**毎月第1週金曜日22時30分（夏時間21時30分）**に発表されます。

　雇用統計で最も注目されるのは**非農業部門雇用者数**です。農業を除く約40万の事業所を対象に、給与支払帳簿（NFPR）の調査を各州から集めたものをベースにした数字です。次いで**失業率**は「失業者÷労働人口×100」で求められ、同時に発表されます。他に**平均時給**なども発表されます。

市場の基本スタンスは雇用者数を優先

　非農業部門雇用者数が前月比でどのくらいの増減があったかに市場の注目が集まり、予想が外れてサプライズがあると実勢レートが特に大きく反応します。

　雇用者数と失業率が相反する結果になった場合は、市場は雇用者数の方を優先する傾向があります。例えば、雇用者数が予想よりも改善していて、失業率が悪化している場合には、雇用者数の方が重要視されます。

　失業率は景気の動きに遅行するので、短期的な動きに対する反応は鈍くなります。失業者の定義は「過去4週間に仕事を探している者」となっており、景気回復の段階でそれまで求職していなかった人々が仕事を探し始めると、むしろ失業率が上昇するという現象が起こるなど、やや信頼性に欠けるところがあります。

事例1　好結果でサプライズとなった雇用統計

　この日発表された7月米雇用統計は、雇用者数、失業率、平均時給いずれも予想以上の好結果となったことで、**ドルは全面高**となりました。前年のコロナパンデミックの後からは、雇用統計などの重要指標に対して市場の反応は鈍くなっていただけに、**サプライズ**に反応しました。

　ここにきてワクチン接種が広がりコロナ感染への警戒感が緩み始めていたところに、今回の好結果でFRBが早期にテーパリングに動くとの市場の思惑が高まりました。発表直後、長期金利が上昇するとともにドル円の買いが一気に進みました。

　雇用統計の結果は物価関連指標とともにFRBの金融政策に最も影響を及ぼす指標でもあり、これから注目度が再び高まると予想されます。

　そしてこれまで続いた緩和政策の転換を迎える時期だけに、市場の雇用統計への注目度が高まったと言えます。

●図6.9　2021年8月6日雇用統計発表前後のドル円15分足

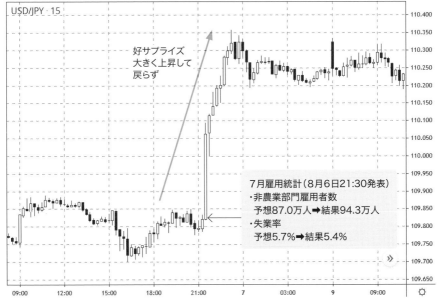

好サプライズ
大きく上昇して
戻らず

7月雇用統計（8月6日21:30発表）
・非農業部門雇用者数
　予想87.0万人➡結果94.3万人
・失業率
　予想5.7%➡結果5.4%

今回だけではなく次回の８月雇用統計でも好調な結果が示されるようなら、早期テーパリングへの思惑が一層高まることになります。

その８月雇用統計の発表時のチャートが、次の図6.10です。

事例２　悲観的な数字通りの反応がなかった雇用統計

この日発表された８月の非農業部門雇用者数は75万人増の予想に対して結果は23.5万人増と、大きく下回りました。この時同時に発表された前月、前々月分は合わせて13万4000人上方修正されましたが、これを含めてもかなり弱い数字となりました。市場の早期テーパリング実施への思惑が後退したことで、ドル円は下落に転じました。しかし、その後は買戻しが入り下落前のレベルまで押し戻されました。

それは今回の結果は特殊な要因と見られ、好調な雇用は継続するとの見方が広がったためです。それは、これまで職場復帰を妨げていた失業保険の上乗せ給付がすでに半数以上打ち切られていたためです。

●図6.10　2021年9月3日雇用統計発表前後のドル円15分足

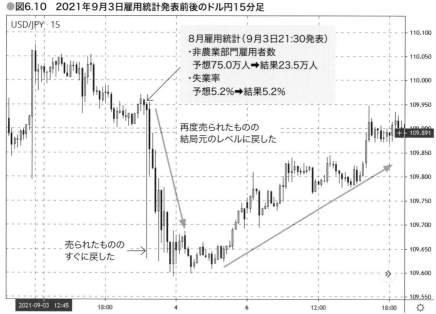

人員確保のために多くの企業で、賃上げや採用時の現金支給といった手段を講じるなどの動きが見られました。今回発表された平均時給の上昇が予想を上回ったことがその状況を示すものです。

　結果、市場はこれまでの雇用改善は今後も継続するとの見方が広がり早期テーパリングへの思惑が再び高まったことで、ドル円の買戻しが強まりました。

　中央銀行の金融政策の転換時などには、雇用統計や物価関連指標などに注目が集まりやすくなります。ここ1〜2年ほど経済指標の重要性を無視させることになった背景には、コロナパンデミックという未曽有の災禍の中で誰もが予想できなくなったということがあります。

　その災禍が収まり始める時が経済指標に再び注目が集まる時とも言えます。

その他の注目すべき経済指標や金融政策会合

　雇用統計以外の指標では、経済成長率を示す**GDP**や景気の先行指標とされる**ISM製造業景況指数**、そして物価動向を示す**CPI**なども注目されます。欧州市場ではドイツのZEW景況指数やIFO景況感指数が注目度の高い指標となります。

　一方、日本の経済指標は注目されません。それは日本の指標はほぼ予想通りでサプライズは基本的にないことから、相場への影響も低いためと考えられます。

　イベントでは**各国中央銀行の金融政策決定会合**が注目されます。米国では年8回、6週間毎の火曜日に**FOMC会合**が開かれ、公開市場操作の方針や政策金利である**FF（フェデラル・ファンド）金利**の誘導目標、景況判断や今後の政策方針などが決定されます。最終日の**声明文**の他、記者会見で**連邦準備制度理事会（FRB）**の議長発言が注目されます。

　欧州では**ECB理事会**、英国では**BOE政策会合**、日本では日銀政策会合です。その他にはカナダのBOC政策会合、豪州のRBA政策会合、ニュージーランドのRBNZなどに注目が集まります。

オーバーシュートは
後追いせず折り返しを狙う

オーバーシュートはチャンスであると同時に、対応を間違うと痛い目に遭う諸刃の剣でもあります。

オーバーシュートに乗ろうとしても間に合わない

オーバーシュートとは、短期の買われ過ぎや売られ過ぎの状態を表すものですが、ここで言うオーバーシュートとは、もっと超短期的な場合を指します。

例えば、**注目する経済指標が市場予想と大きく異なる数字が発表された時や、思わぬ要人発言や噂などで相場が一気に一方向に動いた時**のことです。こんな時はテクニカル指標を見る間もなく、瞬時に自分で判断するしかありません。

オーバーシュートした時には、ほとんどその間取引が成立せずに上昇、あるいは下落することになります。しかし、この種のオーバーシュートは一時的な動きで終わることが多く、伸び切った後には**半値戻し**、あるいは**全戻し**になることがよく見られます。その結果、すぐに追いかけても大抵は間に合わず、高値をつかんだり底値で売ったりすることになります。

勢いが一服して折り返すところがチャンス

発表直後に後追いで手を出すよりも、元のレベルに戻り始めた時を狙って順張りのポジションを持つ方がリスクは少なく、より着実に利益を得ることができます。

もちろん、そのままレートが行ったきり戻らないこともあります。その時は潔くポジションをクローズして、次のチャンスを待つようにします。

　図6.11は、2021年8月分の米雇用統計が発表された前後のドル円5分足チャートです。

　発表前はほとんど動きがありませんが、発表直後一気に30銭下落したもののすぐに買い戻されています。この時は下げたところで買う時間もなく戻すなど、下落時も上昇時もほとんど取引はされていない状態で、双方オーバーシュートとみることができます。

　反発後の動きを見ると、下落前のレベルを上抜けなかったことで改めて売りが入り始めています。このような時は発表直後の安値レベルを再度試すことが多く見られるので、売りを出してみます。

　もし、その後下落前のレベルを上抜くようなら今度は上昇に転じる可能性が高く、その時は損切りを入れるようにします。

●図6.11　9月3日雇用統計発表前後のドル円5分足

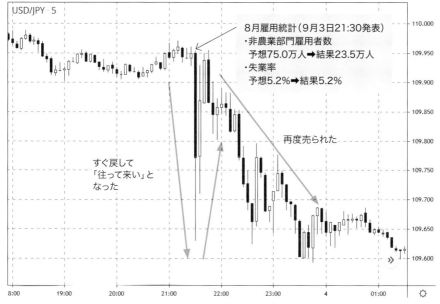

173

　図6.12は、2021年８月４日の米国７月ISM非製造業景況指数発表前後のドル円15分足チャートです。

　発表前には、コロナの感染再拡大の影響を受け予想を下回るのではといった観測が広がっていましたが、予想の60.5％に対し結果は64.1％と大きく上回ったことで、一気に買いが入り上昇しています。

　また、発表とほぼ同時刻にFRBのクラリダ副議長が「2022年末までに利上げの可能性」を示唆したことも重なり、ドル買いを促しました。

　結果的に上昇後に少し下げも見られましたが、買いそびれた人たちが下げを待って買いを入れてくるため、下げ切れずにむしろ上昇後の高値を上回っています。

　オーバーシュートとみて調整の動きを狙い、売りで入った場合は下げ切れずに発表直後の高値を上回ったところで買戻しを入れます。その後の動きを観察し、下落するようなら再度売りを出してみます。反対に、まだ買い切れていない状況と判断すれば、買いで入るという判断もあります。

●図6.12　8月4日ISM非製造業景況指数発表前後のドル円15分足

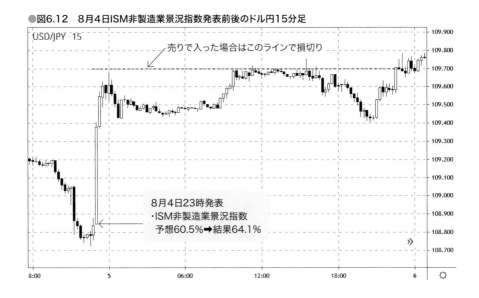

市場のセンチメントにも十分な注意を払う

市場のセンチメント次第で反応が変わる

　市場のセンチメントというのは、市場参加者の心理、いわゆる**市場心理**のことで、楽観的と悲観的の2つに分かれます。

　楽観的な市場センチメントの時は、市場参加者は悪い材料に対してはそれほど反応せずに、良い材料に対しては反応します。例えば、米国雇用統計の雇用者数が予想を下回ったとしてもドル売りには反応せず、予想を上回った時にはドル買いで反応するというものです。

　反対に、悲観的な市場センチメントの時には、予想を少しでも下回るとドル売りで反応します。

　このように、市場のセンチメントが楽観的か悲観的かを知っておかないと、指標発表時に判断を誤ることになります。

自分の心理状態も考えて「休むも相場」

　負けが多い人の共通点は、常にポジションを持っていないと落ち着かないというものです。しかし、まったく動きがない時でも常にポジションを持っているだけで、精神的な負担がかかります。

　相場で勝つには、勝てるという自信がある時に取引を行うことです。それでも反対に動いた時には一旦切って再考するようにします。まるでどちらに行くかわからない時には、休むということも大切です。

　通貨ペアを選ぶ時でも予測が難しいものには手を出さず、読みやすいものを選ぶようにします。取引時間もほとんど動きのない時間帯はなるべく避け、動き出す時間帯を狙うと効率の良い取引ができます。

■著者紹介

岡安 盛男（おかやす・もりお）

1979年4月アムロ銀行（現ABNアムロ銀行）入行。アービトラージディーラーとしてスタートし、マネーやフォワードディーラーを経て外為スポットディーラーとなる。83年RBC（カナダロイヤル銀行）資金為替部長。85年ウエストパック銀行にシニア為替ディーラーとして入行。ロンドン支店を含み約10年間勤務。1994年にはインドスエズ銀行（現クレディ・アグリコル銀行）にチーフカスタマーディーラーとして入行。自動車や石油会社などのメーカーや、生損保、商社などの大手顧客へ為替のアドバイスを行う。

1998年独立してデイトレーダーに転身。日本ではまだFX業者はなく、海外のFXブローカーを使ったFXデイトレーダーの先駆けとなる。その後マネックスFXチーフアナリスト、フォレックス・ドットコムジャパン株式会社（現ストーンエックスフィナンシャル株式会社）チーフアナリストを経て、現在、レグザム・フォレックス合同会社代表取締役。

セミナーやブログの他、テレビ、ラジオ、新聞などを通し為替に関する情報発信を行っている。インターバンクディーラーと同時にデイトレーダーの経験を通じた独自の為替コメントには定評がある。

主な著書に、「岡安盛男のFX攻略バイブル」「岡安盛男の稼ぐFX 実戦の極意」「岡安盛男のFXで稼ぐ51の法則」（自由国民社）がある。

プロが教える！
定番テクニカル指標の読み方・儲け方
FXチャート分析実践講座

2021年10月26日 初版第1刷発行

著　者	岡安盛男
発行者	石井　悟
発行所	株式会社 自由国民社
	〒171-0033 東京都豊島区高田3-10-11
	https://www.jiyu.co.jp/
	電話03-6233-0781（営業部）
チャート提供	FOREX.com（ストーンエックスフィナンシャル株式会社）
本文DTP	有限会社 中央制作社
印刷所	新灯印刷株式会社
製本所	新風製本株式会社
ブックデザイン	吉村朋子
イラスト	p106,136　studiolaut/PIXTA（ピクスタ）
	その他　　よぴんこ（yopinco）/PIXTA（ピクスタ）